EMPREGO

NOVAS REGRAS E CAMINHOS

CIP-BRASIL. CATALOGAÇÃO NA FONTE
SINDICATO NACIONAL DOS EDITORES DE LIVROS, RJ

T321e Tesche, Raul Roni

Emprego : novas regras e caminhos / Raul Roni Tesche. – Porto Alegre, RS : AGE, 2008.

144 p.; 16x23 cm.

Inclui bibliografia
ISBN 978-85-7497-375-3

1. Mercado de trabalho. 2. Trabalho. 3. Profissões - Desenvolvimento. I. Título.

08-0095. CDD: 331.114
CDU: 331.5

Raul Roni Tesche

EMPREGO

NOVAS REGRAS E CAMINHOS

Mão-de-obra ou cabeça-de-obra?

AGE EDITORA

PORTO ALEGRE 2008

Capa:
Marco Cena

Diagramação:
Lauri Hermógenes Cardoso

Supervisão editorial:
Paulo Flávio Ledur

Editoração eletrônica:
AGE – Assessoria Gráfica e Editorial Ltda.

EDITORA AGE LTDA.

editoraage@editoraage.com.br

Rua São Manoel, 1787 – Bairro Rio Branco
90620-110 – Porto Alegre, RS, Brasil
Fone/Fax: (51) 3223-9385 – (51) 3061-9385

vendas@editoraage.com.br
www.editoraage.com.br

Impresso no Brasil / Printed in Brazil

Dedico este livro:

À minha querida esposa, Vera Lúcia Rascovetzki Tesche, e a meus familiares, pelo apoio e colaboração.

À minha querida filha, Viviane Rascovetzki Tesche, o melhor presente que Deus me deu, pelas alegrias que tem me proporcionado.

A todos os funcionários que passaram pelos meus treinamentos, que me inspiraram e motivaram a desenvolver a capacidade de ensinar e de aprender. É o aprendizado que me deu subsídios para escrever este livro.

"O que é abundante
e fácil de encontrar,
tem pouco valor."

Faça uma análise
das suas competências
e dos seus diferenciais competitivos
no mercado de trabalho.

É fácil encontrar pessoas
que fazem o que você faz?
E com a competência com que você o faz?

Como está o seu valor
no mercado de trabalho?
Você está satisfeito com a sua remuneração?

Você pode melhorar esse valor?
Tenha a certeza de que pode.
Você poderá descobri-lo lendo este livro.
Invista em você!

Não se pode ensinar
coisa alguma a alguém;
pode-se apenas auxiliar
a descobrir por si mesmo.

Aristóteles

Descobrir
é ver com um novo olhar.

Marcel Proust

Prefácio

Raul e eu somos amigos há muito tempo. Nossa amizade foi construída a partir de alguns cursos que fizemos juntos e da vontade que ambos temos de crescermos como pessoas e como profissionais, e de repassarmos aos nossos semelhantes o que os cursos, o hábito da leitura e a experiência de vida têm nos ensinado.

Acreditamos que a educação de um povo é a base para o desenvolvimento de um país, e dessa forma procuramos dar a nossa parcela de contribuição para que um dia tenhamos um país melhor, alicerçado em famílias estruturadas dentro de valores sociais, culturais, éticos e morais, para a construção de uma sociedade mais justa.

Sempre estimulei o Raul para que escrevesse este livro, pois sabia da sua capacidade.

Com certeza, caro leitor, você sentirá um enorme prazer em ler este livro, pois o mesmo foi escrito de maneira muito acessível e com uma dose de humor, peculiar ao autor, para que você possa evoluir e se divertir simultaneamente.

Todos os textos deste livro induzem à reflexão sobre as mudanças no mundo corporativo e sobre o perfil do candidato desejado pelas empresas na atualidade. Suas informações servem tanto para quem está empregado e tem ambição de crescer profissionalmente, como para aqueles que desejam ingressar no mercado de trabalho.

Todos precisam assumir responsabilidades e fazer a sua parte, para sermos uma grande nação, inserida num mundo globalizado, muito mais dinâmico e exigente.

Parabéns, Raul, por esta contribuição à sociedade.

VALDIR REINOLDO BÜNDCHEN
Autor dos livros *Como Construir a Si Mesmo*
e *O Enigma da Mudança*
(Editora AGE)

Nota do autor

Há mais de dez anos faço treinamento para funcionários em minha empresa e venho percebendo o enorme despreparo de candidatos ao ingressarem no mercado de trabalho e as dificuldades que novos e antigos funcionários têm de se adequar ao novo perfil desejado pelas empresas.

Eu já havia percebido que aproximadamente 50% dos funcionários para os quais fiz treinamento eram analfabetos funcionais e por isso a grande dificuldade de assimilar o treinamento e os textos que o acompanhavam. Foi assustador para mim quando li no jornal *Zero Hora,* de Porto Alegre, de 09/09/03, a divulgação de uma pesquisa realizada no Brasil, revelando que 67% dos brasileiros são analfabetos funcionais. O que fazer para que essas pessoas possam entender as transformações pelas quais o mundo está passando e de como elas já estão afetando as suas vidas?

Funcionários antigos estão perdendo seus empregos por não entenderem as novas formas de participar das empresas diante das mudanças e quais as competências que precisam ser desenvolvidas por eles para se manterem empregados e empregáveis.

Com uma linguagem acessível, este livro propõe idéias e esclarecimentos relativos às grandes e rápidas mudanças no mundo corporativo, principalmente para candidatos a emprego e funcionários de empresas de todos os setores que desejarem, de forma simples, porém eficaz, acrescentar conhecimentos que os auxiliem a alcançar o tão desejado sucesso profissional.

Para a sua melhor aprendizagem, não leia este livro apenas para si mesmo. Procure compartilhar as idéias nele contidas e discutir o seu conteúdo com algumas pessoas que também têm interesse em se desenvolver. Essa troca de idéias será muito benéfica para todos. O conteúdo deste livro faz parte de um verdadeiro treinamento, em que você terá que descobrir as novas regras do mercado de trabalho, exercitando os seus neurônios, ao contrário do que acontece em adestramentos, em que as pessoas são domesticadas em vez de educadas.

O que você descobre, jamais esquece. Quanto mais vezes você ler este livro, mais coisas você descobrirá. Faça-o com atenção, para que lhe proporcione boas reflexões para o seu crescimento profissional, lembrando sempre que não basta apenas saber.

Acredito, caro leitor, que as "regras do jogo", "o caminho das pedras" e "o mapa da mina" estão aqui, em suas mãos. "E nesta busca pelo sucesso, você se desenvolverá de tal forma, a ponto de se tornar seu próprio tesouro" (*O Tesouro de Bresa*).

Sumário

A decisão é sua

Posso achar que não preciso saber mais do que já sei, ou aproveitar cada oportunidade para saber mais.

Posso achar ruim ter que exercitar os meus neurônios, ou achar bom que este livro me oportunize exercitá-los.

Posso me acomodar profissionalmente, ou me dedicar ao meu crescimento profissional.

Posso estar triste por estar desempregado, ou ser feliz por ter saúde para procurar trabalho.

Tudo depende só de mim, da minha força de vontade: sou livre para decidir o que quero para mim.

Somos criadores de nós mesmos. Se quisermos ser vencedores, temos que agir como vencedores: **ser um pouco melhor a cada dia.** E isso só pode ser feito hoje, porque o ontem já passou e o amanhã ainda não chegou. Portanto, mexa-se. Não procrastine. Saia da sua zona de conforto e dê a sua contribuição para o seu sucesso. Você precisa aprender a trabalhar a si mesmo com muita disciplina e persistência. **Muitos precisam dar um duro danado no trabalho, porque foram preguiçosos demais para darem um duro em si mesmos.**

A pergunta que você deve se fazer é: "no que quero me transformar?" **A porta dessa transformação só se abre por dentro.** Só você pode abri-la. É uma decisão pessoal e intransferível. Essa "revolução" é com você.

"Para TER mais amanhã, você precisa SER mais do que é hoje". Jim Rohn.

Você só "ganhará" mais se evoluir profissionalmente, melhorando o resultado da empresa com as suas ações. Promoção por tempo de serviço é coisa do passado. Hoje, as promoções só acontecem por méritos das pessoas que investiram em seu crescimento profissional e não porque o tempo passou. É como se as pessoas estivessem numa esteira que anda no sentido contrário ao delas: se não andarem constantemente para frente em seu crescimento profissional, em pouco tempo, ela os colocará para fora da empresa. E aí vem a exclamação: "mas eu não fiz nada!" Exatamente. Não fez quando deveria ter feito.

Não há salvação para quem não investir em si. O tempo urge. A decisão é sua.

A fórmula mágica do sucesso

Quantas vezes pensamos em ser alguém de sucesso. Mas o que é sucesso? Ele é muito subjetivo; depende de cada um.

Se para você ter sucesso é conseguir um emprego, o que você está fazendo para consegui-lo? E isso é suficiente?

Se para você ter sucesso é conseguir se manter no emprego e ser promovido, o que você está fazendo para que isso aconteça? É suficiente?

Se para você sucesso é ter o seu próprio negócio, o que você está fazendo para consegui-lo? É suficiente?

Se para você ter sucesso é poder comprar tudo o que cabe nos seus sonhos, o que você está fazendo para alcançar o sucesso sonhado? É suficiente?

Diante de tantas perguntas, percebemos que o sucesso não acontece por acaso. Nós somos responsáveis em fazê-lo acontecer.

O tamanho do seu sucesso é o que você faz e acredita. Não existe fórmula mágica, pronta. Existe, sim, a sua fórmula, que você poderá descobrir e criar após ler este livro. Leia-o com atenção. O "bilhete premiado" pode estar em suas mãos.

Mercado de trabalho: como passar à frente de 67% dos brasileiros

Pesquisa revela: 67% dos brasileiros são analfabetos funcionais, ou seja, não entendem o que lêem. O resultado dessa pesquisa foi divulgado no dia 9 de setembro de 2003, no jornal *Zero Hora,* de Porto Alegre. E esta estatística pouco ou nada mudou nos últimos anos.

Prepare-se. Exercite seus neurônios com muita leitura e informação, que você deixará 67% dos brasileiros na "poeira"...

Você já deve ter ouvido falar que as empresas querem pessoas que saibam pensar e resolver problemas. Resumindo: querem pessoas com cérebro "sarado", que têm o hábito da leitura e por isso entendem o que lêem... Querem comprar a sua capacidade de pensar, de analisar e concluir... Com certeza um grande diferencial competitivo, quando poucos são os que ousam pensar, como já disse há muito tempo Henry Ford.

As pessoas precisam fazer o que é necessário e não só o que lhes agrada. Por isso, muitos evitam a leitura (67%), como se fosse a pior coisa do mundo, enquanto outros, sabiamente, o fazem pelo prazer e pelos benefícios que lhes proporciona.

A leitura é um hábito que precisa ser desenvolvido. Ao efetuá-la, o leitor precisa ter muito foco e atenção, para fazer dela um instrumento de crescimento pessoal e profissional.

O analfabeto puro já está entre os excluídos do mercado de trabalho. Só encontra trabalho na condição de semi-escravo.

O analfabeto funcional estará entre os excluídos do futuro. A concorrência no mercado de trabalho fará com que isso aconteça, e antes do que se imagina.

Quando se fala em conhecimento, também se fala em informações através da leitura e de sua capacidade de interpretação.

Deixar 67% dos brasileiros para trás não é pouca coisa e não é tão difícil. Com força de vontade você consegue. É saber interpretar o que está sendo lido. Comece com jornais, revistas, livros, e vá desafiando a capacidade de seus neurônios com leituras mais complexas. Bastam alguns minutos por dia, aumentando esse tempo diariamente. Exercite os seus neurônios. O seu cérebro lhe será eternamente grato. Alguns poucos anos de dedicação à leitura farão enorme diferença para o resto da sua vida. É a "luz do saber" penetrando na sua vida.

Ler para crescer

"Você pode levar todos os camelos para todos os oásis que encontrar, entretanto, o camelo só beberá água quando estiver com sede." (Ditado dos habitantes do deserto, extraído do livro *Ensinando as Empresas a Aprender,* de Mário Canadio.)

Da mesma forma, muitas pessoas só investirão em si quando realmente sentirem a "sede do saber".

O brasileiro, de um modo geral, não gosta de ler (67%). Para muitos, a leitura é um verdadeiro castigo. É por isso que existem tantos cérebros atrofiados por aí. Fala-se muito da criatividade dos brasileiros. Imaginem esse poder criativo em cérebros "sarados".

O homem contemporâneo precisa ler e saber interpretar as mensagens, a fim de melhor se qualificar para enfrentar e se adaptar às rápidas mudanças da sociedade globalizada.

A leitura é a melhor maneira de treinar o cérebro e a mais econômica para alcançar o crescimento profissional.

Todos têm crenças e "verdades" que precisam de constante atualização, porque tudo está mudando, e numa velocidade jamais vista pela humanidade. É claro que não estou falando de crenças religiosas, morais e éticas, embora estas também possam ser aperfeiçoadas. Falo aqui das nossas crenças e paradigmas que determinam nossa forma de pensar e de agir. Por exemplo: precisamos abandonar nossas crenças infantis para que nos tornemos adultos. São as perdas necessárias para crescermos como seres humanos. Assim, é necessário que muitas das nossas crenças e "verdades" mudem ao longo de nossas vidas para que nossas atitudes possam mudar também. A essa metamorfose chamamos de "amadurecimento" do ser humano. Ela independe da nossa idade cronológica.

E nesses tempos de mudanças em todas as áreas, é preciso que cada um faça uma reflexão sobre as suas crenças, suas "verdades", verificando de que forma elas podem estar afetando o seu desempenho profissional e se não está na hora de atualizá-las, antes que seja tarde demais; é o que chamamos de "quebra de paradigmas".

O ser humano é muito apegado a valores e crenças oriundos da sua educação, e por isso a dificuldade de mudá-los. Quando conseguimos fazê-lo, mudamos a nossa forma de pensar e, por conseqüência, de agir. Se mudarmos os nossos pensamentos, para sermos coerentes com eles, temos que mudar também as nossas atitudes. Se já é difícil mudarmos nossa forma de pensar, imaginem a dificuldade de mudarmos as nossas atitudes, os nossos hábitos, as nossas reações "automáticas", que nos acompanharam por tanto tempo. Quanta resistência inútil! Mais uma vez, precisamos da nossa força de vontade, porque nossos desejos nos levam para a inércia.

É exatamente essa a verdadeira intenção dos textos deste livro: que cada um possa descobrir que precisa mudar a sua forma de pensar e, por conseqüência, de agir. "Saber e não fazer é o mesmo que não saber". (Dulce Magalhães, escritora)

Auxiliando a descobrir

"Não se pode ensinar coisa alguma a alguém; pode-se apenas auxiliar a descobrir por si mesmo." (Aristóteles)

É essa a minha intenção ao escrever os textos deste livro: que ao lê-los, você possa sensibilizar-se com as suas informações e despertar para uma nova realidade, até então despercebida.

Mudanças estão acontecendo numa velocidade nunca vista pela humanidade. Em meio a esse caos, onde você se encontra? Totalmente perdido, desencontrado?

A velocidade das informações e do conhecimento humano está dobrando a cada dezoito meses, e isso faz com que tenham prazo de validade cada vez mais curto. Ou seja, os conhecimentos que temos hoje podem não ter mais a mesma importância no próximo ano, ou mesmo nenhuma importância em tempo ainda mais curto. É preciso atualizar constantemente os nossos conhecimentos, e esse é um processo para a vida toda. É assustador e ao mesmo tempo desafiador. Não dá para ficar parado, sob pena de ficarmos para trás.

É claro que algumas informações são perenes, como cálculos matemáticos, algumas leis da física, química... Mas, são exceções.

"Cego das idéias" foi a expressão que ouvi de um ex-analfabeto, numa entrevista para a televisão. Tratava-se de um senhor de idade avançada, que havia aproveitado a oportunidade que lhe fora dada para sair do analfabetismo puro. Disse ele: "Foi como se até aquele momento eu tinha vivido no escuro. Eu era "cego das idéias". É como cego que o analfabeto percebe o mundo. O mesmo acontece com as pessoas que têm pouca escolaridade. Elas não percebem que não sabem; não fazem idéia do que é possível saber. O seu mundo é de "penumbra", e já se acostumaram a ele. E diante das mudanças, o mesmo está acontecendo com os analfabetos funcionais: estão se acostumando com a "penumbra" do saber.

Vamos a um exemplo bem simples, de fácil interpretação: imagine-se diante de um plástico fino e transparente. Você consegue ver muito bem através dele. Na medida em que sobrepormos vários desses plásticos, vai diminuindo a sua transparência, até chegar a uma espessura em que não podemos mais ver através deles. Esses plásticos transparentes são como as camadas da nossa ignorância. A cada ano de estudo, vamos retirando várias camadas da nossa visão (cerebral). Quanto mais estudarmos, quanto mais lermos, mais camadas da nossa ignorância vão sendo removidas, ficando mais transparente, mais claro para entendermos o mundo que nos cerca. Começamos a perceber e a entender coisas que passavam despercebidas até então. As nossas idéias começam a "clarear".

Não existe receita pronta para o sucesso. Neste livro você encontrará ingredientes para que possa fazer a sua própria receita. **Mas lembre-se: tanto ingredientes quanto receitas têm prazo de validade, o que você também terá que descobrir.**

Assine um compromisso com o seu sucesso

Isso mesmo! Assine um compromisso com o seu crescimento profissional. Acredite em você! Não há vitória sem luta, e do céu só cai chuva e cocô de passarinho (ainda bem que vaca não voa...). Não espere por milagres. Esteja sempre preparado. Faça o seu futuro acontecer. Ele depende do que você fizer hoje, agora. Não procrastine. Leia o mais que puder. Dê desafios para o seu cérebro. Faça cursos, assista a palestras. Não vegete. Não seja escravo da rotina. Não deixe simplesmente o dia passar. O maior desperdício de vida que podemos conhecer é o do funcionário que reza pela chegada do término da jornada de trabalho para se livrar da "tortura" daquele dia. Infelizmente, a maioria dos funcionários que trabalham nas empresas, literalmente, acorda para sobreviver, para ter o seu dinheiro de fim-de-semana. Não percebem que o trabalho não pode ser simplesmente algo que fazemos, mas algo que nos forma, que nos dignifica, que nos oportuniza crescimento profissional e uma vida melhor.

Não se economize! Não se acomode! Autopiedade, nem pensar! Tenha a humildade de reconhecer que você ainda tem muito para aprender e a ambição de quem quer ir longe profissionalmente. A sua idade não importa. O que vale é a sua motivação. Tudo tem o seu tempo; o seu é agora; porém, não seja imediatista quanto aos resultados. Lembre-se do bambu chinês, que pode atingir até 24m de altura. No entanto, esse crescimento só acontecerá no quinto ano. Depois de plantado o bulbo (semente do bambu), durante quatro anos, não se vê nada. O seu desenvolvimento é subterrâneo, para fortalecer as raízes que sustentarão esse crescimento vertiginoso. Assim deve ser o preparo para o seu crescimento profissional. **Você investe continuamente em si, porém pode ter a sensação de que não está se desenvolvendo. Não posso prever o tempo para o seu crescimento aflorar, emergir, mas, com certeza, ele acontecerá.** Como o bambu chinês, o seu crescimento poderá ser tão vertiginoso quanto o seu conhecimento, a sua formação, puder suportar. Acredite em você! Seja persistente...

Reaprendendo as regras e o caminho das pedras do sucesso profissional

Existem certas obviedades que, ao contrário do que se pensa, precisam ser ditas: sem conhecer as regras de um determinado jogo, é impossível ter bom desempenho ao jogá-lo. Óbvio!

Então, como você quer ter um bom desempenho profissional, se não conhece as novas regras do mercado de trabalho? Como você quer uma promoção ou aumento de salário, se neste momento a empresa já percebeu que precisa substituí-lo por estar "viajando" na contramão do sucesso?

O mundo mudou, as profissões mudaram e o mercado de trabalho também mudou. Isso significa novas regras, novos caminhos... Não há saída! Você terá que aprendê-lo.

Como se encontrar no meio desse caos de tantas mudanças, onde não há setas indicativas do caminho a seguir? É preciso esquecer o caminho e as regras antigas, desaprendendo hábitos e conceitos, para aprender o novo e assim mudar a nossa forma de pensar e agir.

De acordo com as regras antigas, as pessoas continuam querendo vender a sua força motora e física, que é abundante e, por isso, tem pouco valor no mercado de trabalho, quando as empresas precisam e querem comprar a **capacidade de pensar das pessoas**, ou seja, a sua criatividade e o seu comprometimento para resolver problemas e agregar valor para a empresa, o que é escasso e por isso muito valorizado. "Caiu a ficha"?

As novas regras e o caminho das pedras não estão detalhados neste livro porque estamos vivendo um tempo de extrema flexibilidade, em que nada é para sempre. Nem pedras, nem regras estão estáticas...

É preciso estar constantemente revisando o caminho das pedras e se atualizando em relação às regras que nos mantêm em condições de continuar no jogo com sucesso. Tudo ficou mais dinâmico e mais difícil.

"O analfabeto do século XXI não será o indivíduo que não saiba ler e escrever, mas aquele que não conseguir aprender, desaprender e reaprender." (Alvin Tofler)

Não há mais espaço para se acomodar e não há tempo para descansar. Adapte-se, ou...

Analfabetismo funcional, uma doença que mata!

Analfabeto funcional é aquele capaz de identificar letras, palavras e frases, mas não compreende o sentido do que lê.

É altíssimo o número de alunos que terminam o segundo grau na condição de analfabetos funcionais. E pasmem: muitos que se formaram em cursos superiores continuaram analfabetos funcionais, sem perceber essa triste realidade.

O analfabetismo funcional mata. Acredite! Ele mata oportunidades de trabalho e de crescimento profissional. Mas, felizmente, tem cura. O "paciente" só precisa desenvolver o hábito da leitura em pequenas doses diárias e, aos poucos, aumentando a dosagem para exercitar os neurônios "enferrujados". O remédio é tão bom que o paciente irá mantê-lo para o resto da vida, pelo prazer e pelo benefício que este lhe proporciona.

A sorte é que o analfabetismo funcional não é contagioso. Imaginem uma epidemia dessa doença no Brasil? Ou será que essa epidemia já faz parte da realidade brasileira?

Vacine-se. Só você pode se imunizar contra o analfabetismo funcional. Não morra para as oportunidades, não morra para os seus sonhos. Você nasceu para o sucesso. Faça a sua parte.

Além do analfabeto puro e do analfabeto funcional, temos o iletrado que cultiva "a ignorância desejada"

Além do analfabeto puro, aquele que não teve chance de aprender a ler, e do analfabeto funcional, aquele que escreve e lê, mas não entende o significado do que lê, existe outro tipo de iletrado: o que cultiva a "ignorância desejada". É a atitude de quem não dá importância à cultura, mesmo sendo escolarizado. É um verdadeiro alienado dos problemas do seu universo e do mundo. Há milhões de pessoas assim, que diante das mudanças e da pressão geradas por candidatos mais preparados terão enormes dificuldades se ficarem desempregadas. Julgam-se vítimas do sistema. São pessoas que se satisfazem em apenas viver... Vegetar... Já se acostumaram com a própria ignorância e com a "penumbra" do saber em que vivem, "porque assim tá bom". Até quando? O que mais lamento é que essas pessoas também não irão ler este livro, que poderia ajudá-los em sua evolução, em sua transformação, trazendo-os para uma realidade que, com certeza, desconhecem.

Bill Gates, fundador e proprietário da Microsoft, a maior fabricante de microcomputadores do mundo, disse certa vez: "O dia em que me perguntarem qual é o presente mais importante que eu vou dar ao meu filho, responderei: um livro". Percebe-se nessa afirmação a importância do livro na vida de uma pessoa que é referência mundial de sucesso profissional.

É através da leitura, do conhecimento, da informação que podemos nos desenvolver, evoluir, ver e perceber muitas coisas que outros não vêem ou percebem. Por isso se diz "popularmente" que determinada pessoa não enxerga além do seu nariz. E isso não quer dizer que ela deva ir ao oculista, ou que o tamanho do seu nariz atrapalha a sua visão. É ver com a nossa mente. É uma visão do que está acontecendo ou do que poderá vir a acontecer. A experiência de vida nos ensina muitas coisas, porém apostar em nosso aprendizado apenas pelo passar dos anos é ter que esperar demais. **Não podemos esperar pela experiência da vida, quando tudo acontece em alta velocidade. Temos que antecipar conhecimento.** O aprendizado através da escola, de cursos, palestras e da leitura, encurta caminhos. Vamos saber com a nossa idade o que a vida nos ensinaria em dez anos, ou talvez nunca nos ensinaria. A falta do hábito da leitura faz com que muitos sintam enormes dificuldades para entender o que estão lendo. Não conseguem ler o que está nas "entrelinhas" do texto, o que não está escrito textualmente. É interpretar a mensagem do texto e tirar a sua conclusão. Quem souber fazê-lo realmente estará aprendendo. Os demais estarão apenas praticando leitura.

Qualquer semelhança é mera coincidência

Estávamos precisando contratar alguém para a gerência de uma de nossas filiais, numa cidade próxima.

Os candidatos foram se apresentando para a entrevista e seleção. Foram muitos. A maioria sem a qualificação mínima para o cargo e com desempenho horrível na entrevista. Houve um candidato que me marcou demais, e por isso relatarei alguns trechos da conversa que mantivemos naquele dia.

O candidato havia sido gerente por 16 anos numa empresa de uma cidade próxima e, segundo ele, sem motivos e sem a menor cerimônia, foi dispensado. Até aquele momento, ele não sabia o porquê de ter sido demitido. Comecei a fazer perguntas:

– Dezesseis anos como gerente na empresa, e você não sabe por que foi demitido?

– Não fiz nada errado. Estava fazendo o que sempre fiz, respondeu-me.

– Nestes últimos anos, você fez algum curso de aperfeiçoamento profissional?

– Não! A empresa nunca pagou para que eu o fizesse.

– Palestras motivacionais e de desenvolvimento profissional, quantas você assistiu nos últimos anos?

– Nenhuma! A empresa nunca me indicou ou exigiu que eu assistisse alguma delas.

– E livros, quantos você leu nos últimos anos? Seus títulos ou autores?...

– Não li nenhum.

– Quanto tempo faz que você não lê um livro?

– Ah, não lembro.

– Mas você nunca leu um livro em sua vida?

– Claro que li!

– Que livros foram esses?

– De Geografia e História, no tempo do colégio.

Fiquei olhando para ele incrédulo com o que havia escutado. Como ele se manteve na gerência por 16 anos sem se requalificar, sem investir em si, com toda essa concorrência no mercado de trabalho?

Chego à conclusão de que não se trata de caso isolado. Acontece aos milhares, diariamente.

As pessoas se acomodam, e quando acordam, estão desempregadas. Muitos, como esse candidato, nem assim acordou. Simplesmente não sabem por que foram demitidos e choram a injustiça que sofreram. Vale uma reflexão: qual o investimento que você está fazendo em si para se manter empregável?

Um cérebro pouco usado, seminovo, quanto vale?

Neurônios são como músculos. Ambos precisam ser exercitados para se fortalecer.

Os músculos são exercitados através dos exercícios físicos que fazemos diariamente. Se "malharmos" bem os nossos músculos, teremos um corpo "sarado". É preciso disposição e disciplina,

Os neurônios são exercitados através dos desafios que damos a eles, como o ato de aprender coisas novas, jogos lúdicos, o estudo e a leitura. Se "malharmos" bem os nossos neurônios, teremos um cérebro "sarado". É preciso disposição e disciplina.

Uma pessoa que passa meses na cama sem poder se exercitar, fica com os músculos atrofiados e enfraquecidos. Da mesma forma, o cérebro humano: se não for exercitado, vai se atrofiando e diminuindo a sua capacidade de raciocínio.

Sempre que estivermos aprendendo alguma coisa, estaremos desafiando o nosso cérebro a exercitar seus neurônios. A leitura é a melhor maneira de fazê-lo.

Se antes não era necessário pensar no trabalho, hoje saber pensar é uma das exigências para quem quer se manter no mercado de trabalho. Estamos na era do conhecimento, e as empresas não querem cérebros zero quilômetro, de pouco uso. **Elas querem cérebros "amaciados", "sarados" pelo uso. Quanto mais o cérebro for usado, exercitado, mais valor ele terá no mercado de trabalho.**

Quanto vale um cérebro pouco usado, seminovo? Para as empresas está valendo pouco, muito pouco, quase nada...

Neurônios são como espermatozóides: existem para ser usados, e são ilimitados

Se ambos são ilimitados e existem para ser usados, por que os espermatozóides têm mais "saída" que os neurônios? Simplesmente porque os espermatozóides dependem dos desejos, enquanto que os neurônios dependem da força de vontade do seu "detentor".

Se a liberação de espermatozóides necessita de esforço físico, mental e manual, por que o homem não usa seus neurônios com a mesma intensidade, sendo que o seu uso independe de esforço físico? A pergunta está no ar...

Tanto espermatozóides quanto neurônios dependem de estímulos. Por que há tanta dificuldade para encontrar estímulos para os neurônios? Vale uma reflexão.

Por que a maioria das pessoas detesta manuais? Por que são mal redigidos? Não, não é só por isso. É porque eles representam um desafio aos seus neurônios. De um modo geral, por comodismo, as pessoas querem que alguém os interprete para elas, e de forma resumida. Está errado! Elas é que devem descobrir como as coisas funcionam para poder aproveitá-las melhor. Querem que os outros usem seus neurônios como se quisessem economizar os seus. Será que fariam o mesmo se a "oportunidade" fosse para o uso de espermatozóides? Lógico que com as mulheres é diferente. Não será por isso que elas estão "tirando" o espaço dos homens no mercado de trabalho? Merece um estudo mais aprofundado...

Uma dica: livros. Um verdadeiro prazer (orgasmo) para seus neurônios.

Neurônios são como espermatozóides: existem para ser usados, e são ilimitados. Encontre utilidade para os seus.

Desejamos viver intensamente e da melhor forma possível, sem sacrifícios

Desde que nasce, o ser humano deseja viver confortavelmente. Em situação de desconforto, o bebê chora.

Em idade escolar, pais responsáveis mandam seus filhos para a escola, mesmo que estes preferissem apenas brincar.

Mais tarde, o adolescente precisa "abrir mão" de um monte de coisas prazerosas para dar a sua parcela de "sacrifício" e continuar aprendendo na escola.

Terminado o segundo grau, acabou o "sacrifício" de estudar e começa o "sacrifício" de trabalhar. Ledo engano! As exigências de um mercado de trabalho cada vez mais competitivo fazem com que todos tenham que continuar investindo em si, buscando as competências necessárias para conseguirem trabalho.

A todos Deus dá dons que precisam ser desenvolvidos. Se você tem talento para esportes, tem que treinar muito para ter sucesso. O mesmo vale para outras profissões: você quer se destacar ou ser apenas mais um entre tantos?

Se você quer ter uma vida melhor, tem que estar disposto a dar a sua parcela de contribuição para o seu desenvolvimento. Tem que "ralar"! Precisa ter disciplina para estudar e ler muito para ter neurônios "sarados". Nada vem de graça!

Assim, existem muitas pessoas acomodadas nas mais diversas profissões, que aceitam levar uma vida muito aquém das suas reais possibilidades, por não investirem em si mesmas... Não querem dar a sua parcela de "sacrifício" para ter uma vida melhor.

Os fatores que diferenciam os bem-sucedidos dos demais são: a determinação, a disciplina e o comprometimento consigo mesmos.

Rejeite a acomodação. O mercado de trabalho cobra um preço muito alto de quem não evoluir.

Se você está lendo este livro, é porque está interessado no seu aprimoramento. Parabéns! Continue assim. Tente ser melhor todos os dias, em todos os sentidos. Um dia você acordará e não se reconhecerá mais, não reconhecerá o tamanho das suas asas, que farão com que você voe alto, muito alto...

Desejos & vontades

"Desejos são sentimentos primários, ancestrais, biológicos, responsáveis por providenciar o atendimento às necessidades básicas dos seres humanos. Os desejos nascem conosco e nos acompanham por toda vida, permitindo-nos não apenas o prazer, mas a sobrevivência." (Dr. Eugênio Mussak)

Segundo o Dr. Mussak, a vontade é um desejo racional que deriva do pensamento, do raciocínio, da análise do cenário, tanto presente como futuro. Você pode mandar em sua vontade a partir do pensamento, ao que chamamos popularmente de "força de vontade".

Todos os animais têm desejos, aqueles mais primitivos que garantem a sobrevivência e a continuidade da espécie: comer, dormir e fazer sexo. São instintivos e por isso são tão fortes. Somente ao ser humano não é possível viver satisfazendo somente a esses três desejos, pois ele é o único animal racional e, por isso, tem vontades próprias.

Quem manda em você? São os desejos ou as vontades? Vamos ao exemplo: o que tira você da cama todos os dias? É o desejo ou a vontade? O nosso desejo é de permanecer na cama, correto? Mas aí vem a vontade, ou melhor, a nossa força de vontade, e nos diz: "cara, você vai chegar atrasado no café, na escola, no trabalho"... Se a sua vontade for fraca, deixando os desejos, que sempre são fortes, mandarem em você, o sucesso estará de costas para você a vida inteira. Sem chances!

No mundo atual, em que tudo e todos estão submetidos à hipercompetição, exige-se cada vez mais o uso da nossa força de vontade, o que nos remete à disciplina. É necessário, pois, abrir mão de nossos desejos, que estão sempre ligados ao nosso conforto pessoal (cama, sofá, televisão, Internet, som...), para que a nossa força de vontade possa nos levar ao sucesso profissional, onde só há lugar para quem investe em si.

Infelizmente, a acomodação, a preguiça e o excessivo apego ao conforto (fazer só o que dá prazer) levam milhões de pessoas a uma vida empobrecida e medíocre. São reféns dos desejos.

Não deixe que isso aconteça com você. Lembre-se: o sucesso só depende da sua força de vontade. Portanto, anime-se!

Tentando acordar sonâmbulos

Há três tipos de pessoas neste mundo: os que fazem as coisas acontecerem, os que assistem às coisas acontecendo, e os que olham a sua volta e perguntam: "O que está acontecendo"? Sinceramente, responda para você mesmo, qual dos três tipos de pessoa você é?

O despertador já tocou alto e, no entanto, muitos continuam a dormir o "sono dos anjos". Não querem acordar. É quase impossível que, com tanto "barulho" acontecendo ao seu redor, não acordem. Será preciso que a "casa caia".

Há gente que dorme acordado. Não querem abandonar a sua zona de conforto, não querem acordar para a realidade. Só acordarão quando forem "derrubados da cama", quando perderem seus empregos...

São os que estão "dormindo" para a realidade do mundo e suas mudanças. São aqueles que estão perdendo ou ainda vão perder o seu emprego. Não percebem que o perfil desejado mudou e que precisam atualizar os seus conhecimentos e refinar suas competências. São os mesmos que se acham injustiçados quando são demitidos pelas empresas. Não despertaram para a diferença entre saber e sabedoria.

"Saber é tudo o que o passado, o que já vivemos, colocou dentro de nós. Será que poderemos enfrentar o futuro usando o nosso passado? Sabedoria é ser capaz de esquecer o passado, o que se sabe, o saber, e rapidamente se adaptar às novas condições que se está enfrentando. A sabedoria nos diz que nada será como antes, e nos diz mais: que é preciso não ter vergonha de ser um eterno aprendiz." (Eduardo Botelho, em seu livro *Make Money*)

Tudo e todos estão sob concorrência acirrada. Quem não se apressar, será atropelado. Quem espera, come pó, ou só consegue o que os outros não quiseram. São as leis da competição, em que só há lugar para os melhores, os mais ágeis.

Se você acha que estudar, fazer cursos técnicos, assistir a palestras, ler livros e se interessar por outras atividades na empresa é perda de tempo, frescura, coisa de "puxa-saco", minhas condolências: você é um sério candidato a aumentar as filas dos desempregados. Ah! Você já está desempregado.

Os menos preparados são sempre os primeiros alvos quando a empresa precisa demitir. E estes acabam tendo dificuldades ainda maiores para se recolocar no mercado de trabalho. Portanto, não durma no ponto!

Você sabe? Sabe que não sabe? Nem sabe que não sabe?

Bom mesmo é saber! Aumenta a nossa confiança e a auto-estima. Mas saber que não sabemos alguma coisa também é bom. É o primeiro sinal que o nosso cérebro emite, avisando-nos de que estamos diante de algo novo, ainda desconhecido, e que devemos buscar informações para saciar a "sede" de saber que tem o nosso cérebro. É a fase embrionária de todo o conhecimento humano: a percepção de uma realidade ainda desconhecida. Nesse momento entra em ação a nossa força de vontade, que, se for fraca, passaremos "batidos" sem nada aprender. É a eterna briga interior que todos temos: **toda vez que os nossos desejos forem mais fortes que a nossa força de vontade, ficaremos no prejuízo cognitivo.**

A pior situação é aquela em que nem sabemos que não sabemos. É a ignorância da própria ignorância. Nesses casos não há nada que se possa fazer, a não ser esperar por um "milagre" que nos faça "acordar".

Percebe-se que a maioria das pessoas, em termos de mudanças, continua dormindo profundamente, apesar de todo barulho que a mídia tem feito. Alguns sonham acordados. Iludem-se que sabem. Ouviram ou leram alguma coisa a respeito das mudanças. Essa superficialidade faz com que as pessoas confundam o que é realmente saber. Quando elas começam a perceber o quanto não sabem, passarão a um estágio de consciência em que se indagarão: "**Quero saber**"? A resposta está dentro de cada um. Iremos ou não em busca das informações necessárias para que o nosso cérebro possa processá-las e gerar mais conhecimento?

Quando perceber que sabe que não sabe, não se acomode. Busque cada vez mais informações para saber sempre mais. O seu cérebro ficará eternamente agradecido por esse ato "heróico", pois são poucos os que têm força de vontade para fazê-lo. Parabéns!

Mundo infantil

Quando crianças, mesmo contra nossa vontade, nossos pais nos mandaram para a escola, pois sabiam das necessidades que teríamos desse estudo no futuro. Como crianças, não tínhamos consciência dessa necessidade. Hoje, agradecemos aos nossos pais, que nos "obrigaram" a estudar.

O mundo está evoluindo muito rapidamente, e todos precisam acompanhar essa evolução, buscando aperfeiçoamento para não ficarem defasados quanto às novas exigências do mercado de trabalho. Muitos empresários estão voltando à escola, ou fazendo cursos de aperfeiçoamento. Ou evoluem, ou ficam para trás. Muitos não estão percebendo essas mudanças. Acham que o colega demitido foi injustiçado, não percebendo que eles poderão ser os próximos a serem demitidos pelo mesmo motivo: ficaram obsoletos na empresa.

Quando crianças, estudávamos para contentar os nossos pais, como se fossem eles a única razão para freqüentarmos a escola. Hoje, conscientes, sabemos que a razão de estudarmos era nós mesmos. Estudamos para nós e não para nossos pais. Percebemos essa inconsciência infantil em determinadas pessoas, que, ao participarem de cursos, palestras ou reuniões, acham que estão ali unicamente por causa da empresa, muitos deles preocupados em saber se irão receber esse tempo como horas extras, ou não. Fico perplexo quando pessoas procuram motivos para não participarem das oportunidades que lhes são oferecidas pelas empresas, de evoluírem profissionalmente. Como crianças, acreditam que o fazem unicamente para satisfazer a empresa, quando na realidade elas próprias são as maiores beneficiadas desse aperfeiçoamento.

Igor Davelli, de Itatiba, SP, escreveu para a revista *Exame:* "Tenho 22 anos e trabalho no departamento de recursos humanos de uma siderúrgica há três anos. Hoje o que mais vemos são cursos, palestras, livros que têm foco no ser humano. Isso mostra que as empresas estão enxergando cada vez mais as pessoas como suas melhores ferramentas de trabalho. Mas, o que vejo é que os próprios funcionários ainda não enxergam isso. Dentro de uma mesma organização há pessoas comprometidas e dispostas a aprender e a ensinar com o trabalho. Mas há também aqueles que simplesmente fazem com que o trabalho seja a pior coisa da sua vida." Parabéns, Igor, pela sua constatação. Como na sua empresa, imagino que o mesmo acontece em grande parte das empresas brasileiras. Infelizmente!

O que o funcionário ganha com o treinamento? Primeiro, a própria manutenção do emprego, pois funcionários menos qualificados estão sendo substituídos por outros mais qualificados. Segundo, melhora a sua empregabilidade, ou seja, tem maiores chances de conseguir um emprego novo quando necessário. Terceiro, a oportunidade de crescimento profissional e salarial. O funcionário passa a desenvolver novas habilidades e conhecimentos que podem ser diferenciais competitivos na empresa ou fora dela. Promoção por tempo de serviço deixou de existir nas empresas. Promoção, agora, só por competência. Quarto, o verdadeiro treinamento, que envolve raciocínio e desenvolve a inteligência. No adestramento não existe boa qualificação profissional, uma vez que quem executa uma tarefa desconhece o motivo real pelo qual a está executando.

A vontade, a consciência da necessidade de evoluir deve vir dos maiores beneficiados: os trabalhadores. Não se pode ensinar ou mudar as pessoas sem que elas tenham o desejo de evoluir. Elas precisam sair do seu mundo infantil para evoluir...

A revolução da educação no Brasil e a requalificação dos trabalhadores na atualidade

"O homem se torna homem pela educação." (Kant)

O diferencial entre crescimento e estagnação de países está na qualidade da educação. Ela é a força propulsora no desenvolvimento de países e responsável pela redução das desigualdades sociais e econômicas da sua sociedade. Sem o reconhecimento do seu valor, nada pode ser pensado, melhorado e resolvido. Um povo sem educação é um povo escravo.

Em plena era do conhecimento, o Brasil ainda convive com analfabetos puros e funcionais. A educação brasileira é massificada e de má qualidade. A culpa não é dos professores, mas do sistema, que não lhe dá a devida importância. O Brasil precisa uregentemente priorizar a sua educação, mudando o foco e os métodos de ensino, para evitar o que de pior pode acontecer ao ser humano: o seu obsoletismo.

Segundo Gerard Vergnaud, psicólogo da educação de Genebra, Suíça, o mundo nunca foi tão exigente com o homem como atualmente. É a primeira vez na história que a sociedade encontra esse nível de sofisticação na área do conhecimento. O homem precisa refinar suas competências para ter capacidade de agir nas diversas situações do dia-a-dia, porque hoje tudo ficou mais difícil para todos.

Nesse contexto e nesse tempo, a escola precisa urgentemente se transformar para qualificar o aluno, com vistas a se desenvolver como cidadão reflexivo, crítico e analítico, capaz de participar e interagir para a sua realização plena.

Já no fim do século XVII, Jean Jacques Rousseau propôs uma mudança no foco da educação escolar, uma proposta que apenas atualmente começa a ser compreendida. O foco, segundo Rousseau, deveria passar do "professor que ensina" para "o aluno que aprende", pois não há significado algum no ensino sem aprendizagem.

A escola tradicional dos séculos XIX e XX qualificava analfabetos e ex-escravos para a cidadania industrial e trazia consigo os defeitos do aprendizado fragmentado. Aprendia-se um pedaço do todo sem compreender o todo. Aprendia-se mais sobre definições das coisas do que sobre as correlações entre elas. O aluno não sabia para que servia o que estava sendo analisado e isso desmotivava o aprendizado, fazendo com que tivesse curta duração: até a prova. Continua assim?

A escola do século XXI precisa preparar os ex-trabalhadores industriais para a nova cidadania, pós-industrial e virtual, rompendo com o modelo tradicional de educação através do **pensamento sistêmico.** No modelo tradicional, os professores decidem o que os alunos devem aprender, assim como nas empresas os chefes decidem o que as pessoas devem saber. Através do pensamento sistêmico, o próprio aprendiz/empregado é capaz de identificar suas necessidades, expressar suas demandas e ir além, buscando novas soluções através de novas informações e conhecimentos, fazendo melhor uso de sua inteligência.

O papel principal da escola não é mais apenas transmitir o conhecimento, e sim preparar o aluno para saber trabalhar esse conhecimento que ele adquire nos mais diversos meios: na Internet, nos livros, nos filmes, em palestras, na televisão, na escola...

"Se as crianças da pré-escola têm espaço para construir brinquedos e ferramentas criativas que lhe permitem pensar, testar, aprender, porque os estudantes mais velhos deveriam virar ouvintes inanimados numa sala de aula onde o professor os enche de dados e teorias?" (Michel Resnick)

"Durante muitos anos na escola, submetidos à passividade, os jovens foram treinados para a reprodução de conceitos em provas e premiados pela obediência à ordem vigente, são agora nas empresas, pressionados a inventar novas formas de trabalhar e criar seu próprio perfil profissional. Tal incoerência de um sistema que quer colher o que não plantou confirma a urgência de uma reforma profunda no ensino." (Sônia M.B. de Oliveira, para a revista *Exame* de 07/01/01)

As empresas de hoje querem trabalhadores que saibam trabalhar em equipe, que sejam capazes de resolver problemas por si mesmos e a tomar decisões. Resumindo: querem pessoas que pensem sistemicamente, que tenham foco no resultado de suas ações e da empresa, coisas que não se aprendem na escola.

E como nas escolas não há *recall* (chamar de volta os alunos que saíram com defeitos de educação), as pessoas terão que providenciar o "conserto" por conta própria, sob pena de pagarem muito caro por essa desatenção.

A atualidade é menos repetitiva e requer habilidades novas a cada instante, e por isso é preciso inventar, reinventar... **A repetição ficou para as máquinas e os problemas a resolver ficaram com os homens.** Por esse motivo, as empresas precisam cada vez mais de boas cabeças, "cérebros sarados".

"Quem fecha seus olhos para a realidade do mundo, não mata a realidade; morre para ela."

O começo das mudanças no Brasil

Na década de 90, diante das dificuldades econômicas, o Brasil viu-se obrigado a abrir sua economia e enfrentar a inserção no mundo globalizado. Até então, o Brasil manteve-se alheio ao que acontecia fora das suas fronteiras, mantendo um ambiente de protecionismo e de reserva de mercado. Sua política econômica resumia-se ao combate à inflação.

Os anos 80 entraram para a história da economia brasileira como a "década perdida". Enquanto mudanças tecnológicas, políticas, econômicas e sociais aconteciam em muitos países num ritmo frenético, nunca visto na história, o Brasil dormia em "berço esplêndido". Quando finalmente acordou, levou um susto: o mundo não era mais o mesmo. As mudanças que outros países levaram dez anos para realizar, diante do nosso atraso, o Brasil teve que fazê-lo às pressas, em três anos. Ninguém se preparou para as mudanças nem para fazê-lo de forma tão rápida. Nossas empresas se tornaram obsoletas, nosso sistema educacional ficou ultrapassado, e coitados dos nossos trabalhadores... Que adjetivo usar para tamanha falta de informação e conhecimento? De um momento para outro, as palavras de ordem nas empresas foram "profissionalismo e eficácia", " mude ou morra"...

Mas as mudanças chegaram com muito impacto ao Brasil em 1994, a partir do Plano Real. Paradigmas tiveram que ser quebrados numa velocidade assustadora, sem que os envolvidos tivessem tempo para assimilá-los. Os caminhos que levavam ao sucesso, em muitos casos, se tornaram os mesmos que passaram a levar ao fracasso. Como assimilar mudanças tão radicais? Como enfrentar tamanha revolução nas empresas e no mercado de trabalho? Como acreditar que não se trata de coisa passageira? Estabelece-se o caos, o fim das regras, para começar do zero, sem regras ou com novas regras. Funcionários acostumados a serem bons cumpridores de ordens, rotinas e horário, passaram a ser dispensáveis nas empresas. Experiência anterior e tempo de serviço se tornaram irrelevantes, de pouco valor. **Seus modelos mentais, ainda regidos pela eficiência, ficaram ultrapassados, porque as empresas passaram a necessitar de colaboradores cujos modelos mentais fossem regidos pela eficácia. Saber pensar e resolver problemas tornou-se imperativo. Todos passaram a ter compromisso com o resultado de suas ações e da empresa.**

Tudo ficou mais complexo, porque as mudanças no passado aconteciam mais facilmente, pois estavam baseadas em corte de custos e na aquisição de tecnologia. Agora as mudanças dependem de pessoas, da educação, da transformação e evolução de adultos.

Funcionários antigos perderam empregos por não entenderem essas mudanças. O seu perfil passou a não interessar mais à empresa. Muitos ainda serão substituídos por não entenderem o que as empresas esperam deles diante desse novo cenário. **Não se trata de trabalhar mais, mas de mudar a forma de participar das empresas**.

Primeiro você precisa acreditar que mudanças já aconteceram e continuam acontecendo de forma irreversível e que só resta a você entendê-las e mudar as suas atitudes em função delas. É complicado! Como mudar a nossa forma de pensar e hábitos que já nos acompanham por tanto tempo! As regras mudaram e temos que aprendê-las, e, o que é pior, jogar de acordo com elas. Exemplificando: as regras do futsal mudaram. Aparentemente, as mudanças não foram significativas. Isso para os desatentos. **Poucas mudanças nas regras mudaram totalmente a forma de jogar o futsal.** O jogo tornou-se mais veloz e mais dinâmico. A maneira de os jogadores se comportarem em quadra mudou muito. Todos estão em constante deslocamento, inclusive os goleiros. Isso fez com que os jogadores necessitassem aprimorar seu condicionamento físico. As novas regras também fizeram com que a força física fosse substituída pela técnica, pelo talento, inclusive do goleiro.

Mudaram as regras e com elas mudou também o perfil dos atletas desejados. O mesmo aconteceu nas empresas e no mercado de trabalho. Quem não entender as novas necessidades das empresas e o novo perfil desejado pelo mercado de trabalho, dança...

A tecla bege do piano de teclas brancas

Essa tecla chama-se PARADIGMA. Já mudou de cor de tanto ser tocada. E, mesmo assim, vamos tocá-la novamente...

Paradigmas são conjuntos de regras, crenças, dogmas, hábitos, conceitos e comportamentos solidamente estabelecidos ao longo de nossas vidas e que influenciaram nossa maneira de pensar e agir.

Somos influenciados por nossos pais e professores, pelas pessoas do meio em que vivemos e nas empresas, pelos nossos instrutores e colegas. Todas essas pessoas, de alguma maneira, moldam a nossa forma de pensar e agir. Tem seu lado positivo, mas também negativo, pois, de forma inconsciente, anulamos o nosso cérebro, bloqueando a nossa capacidade de ver as coisas de forma diferente, de outro ângulo, e descobrir soluções novas.

Podemos dizer que paradigmas são "verdades" não questionadas, simplesmente aceitas como corretas. Quebram-se paradigmas quando alguém as questiona e prova a sua inconsistência. Exemplo: o átomo foi considerado a menor partícula da matéria, até que um cientista "desavisado" conseguiu dividi-lo em nêutrons e prótons, dando início à era atômica. Da mesma forma, em tempos remotos, o paradigma de que a terra era quadrada moldou o comportamento dos navegadores da época, até que Galileu Galilei ousou afirmar e comprovar que a terra era redonda. Esse novo paradigma revolucionou os conceitos náuticos da época, dando início à era do descobrimento de novas terras e continentes.

Paradigmas não são quebrados facilmente, porque temos a tendência de mantê-los infinitamente.

As empresas desenvolvem e mantêm seus paradigmas através das pessoas que nelas trabalham. Eles bitolam as pessoas e as mantêm amarradas a velhos hábitos. Nessas condições, o máximo que uma pessoa criativa conseguirá é melhorar algum processo, fazendo pequenas alterações, sem inventar nada de novo.

Para uma mesma situação em relação ao funcionário antigo que mantém o mesmo desempenho há 10 anos, o empresário tem atualmente uma opinião divergente daquela que tinha em tempos passados:

– "É uma maravilha de funcionário: é sempre o mesmo há 10 anos." (opinião passada)

– "Não sei o que faço com ele: é sempre o mesmo há 10 anos." (opinião atual)

Quebrar paradigmas significa mudar, o que significa uma revolução de postura, de idéias, de intenções e de atitudes.

Não pense que isso é demais para você. É imprescindível para quem quer manter o emprego e continuar sempre empregável.

O poder que só você tem

É exatamente isso! Esse poder é só seu, depende exclusivamente de você. Já descobriu que poder é esse? É o poder da mudança, da evolução, da transformação. É o poder que você tem de participar da sua autocriação. Todos os dias você escolhe se quer continuar do jeito que é, ou se melhora em alguma coisa.

Em princípio, não queremos mudar nada em nós, porque nos sentimos confortavelmente bem como somos. Mudar implica ter que abandonar a nossa "zona de conforto" e é tudo o que não queremos, isso sem contar com a "síndrome de Gabriela" (eu nasci assim, vou ser sempre assim...)

O ser humano não muda porque gosta. Ele só muda por necessidade. O único ser humano que gosta de mudança é o bebê "cagado", quando fazem a sua higiene...

A transformação da pessoa é uma porta que só se abre por dentro. Só ela pode abri-la. Em meus treinamentos de funcionários, tenho batido em portas fechadas a "sete chaves". Não haverá evolução, mudança ou transformação para quem não se abrir para elas.

Só mudamos algo em nós quando nos comprometemos com a mudança. Uma pessoa obesa só irá perder peso quando se comprometer consigo mesma. Não adianta outros alertarem quanto ao seu excesso de peso. As pessoas têm o mesmo comportamento quando se trata de mudar hábitos, rotinas e atitudes.

Também não adianta o obeso ter informações sobre todos os tipos de dietas. Só a informação não emagrece. Ele precisa convencer-se da necessidade da dieta e de seus benefícios, para então comprometer-se com os seus resultados. É o comprometimento que garantirá a ação, a atitude para que a mudança de silhueta aconteça.

"O processo de mudança é complexo e, para que ocorra, é preciso que o indivíduo tome consciência dessa necessidade e tenha força interior para abandonar velhos hábitos e enfrentar o medo do desconhecido." (Roberto Shinyashiki, escritor, consultor, palestrante)

A pessoa repete o mesmo comportamento, os mesmos hábitos e atitudes, a vida inteira, porque foi influenciada, ensinada, adestrada para agir dessa maneira. Houve um tempo em que isso era possível, porque as mudanças não eram tão velozes e tão radicais.

As receitas do mundo corporativo deixaram de existir, porque se tornaram obsoletas. É tempo de descobrir e redescobrir novas maneiras de obter a eficácia, a empregabilidade e o sucesso profissional.

Use o poder que você tem de mudar, de evoluir para atender às novas exigências que as mudanças estão impondo para todos. Acredite! Você tem esse poder. Basta usá-lo.

A pipoca e o piruá

E aí, pelo poder do fogo, a grande transformação acontece: PUM! E ela aparece como uma outra coisa, completamente diferente, como ela mesma nunca havia sonhado...

Bom, mas ainda temos o piruá, que é o milho de pipoca que se recusa a estourar... **São como aquelas pessoas que, por mais que o mundo mude, se recusam a mudar**. Elas acham que não pode existir coisa mais maravilhosa do que já são. A sua presunção e o medo são como a dura casca do milho que não estoura... Não permite que mudem... O destino delas é triste... Não vão se transformar na flor branca e macia, não vão dar alegrias para ninguém, não se permitem melhorar, evoluir...

Terminado o estouro alegre e festivo da pipoca, no fundo da panela, ficam os piruás, que não servem para nada, não se transformaram, não evoluíram...

Vale uma reflexão: sou como pipoca ou piruá?

Quem dita as minhas "verdades"?

Todo texto, ao "exercitar" os neurônios de quem o lê, induz à reflexão, provocando a concordância, a discordância, o riso, a raiva, a lágrima e as mais diversas reações ligadas às emoções do ser humano. São essas reações que tornam o livro interessante, estimulante, prazeroso... Pois, além de mexer com as nossas emoções, ampliam a nossa "visão" sobre os mais diversos temas, tornando-nos mais inteligentes para a construção das nossas "verdades" (convicções), que podem mudar, para gerar o nosso crescimento como seres humanos.

Precisamos eliminar muitas crenças infantis para que nos tornemos adultos. Através do aprendizado na escola, vamos construindo as nossas crenças e as nossas "verdades", que vão mudando com o nosso desenvolvimento e aprendizado escolar.

Os livros, através de seus textos, nos ajudam a ampliar nosso conhecimento e a formatar as nossas "verdades", as nossas convicções, que, por sua vez, também mudam as nossas atitudes. **Por isso, quem não estuda e quem não lê acaba simplesmente adotando as "verdades", as opiniões dos outros, para si, o que faz com que não tenha a força necessária para mudar suas atitudes.**

O mundo está passando por um momento de mudanças jamais vistas na história da humanidade, e muitos, por falta de atualização escolar ou através da leitura, não estão percebendo essas mudanças. Aqueles que "já" se convenceram de que as mudanças são reais, começam a provocar uma reflexão sobre o seu modo de pensar, e que suas "verdades" terão que ser revistas e reconstruídas. O ser humano é muito apegado a valores e crenças oriundos da sua educação. Se mudar a nossa forma de pensar já é difícil, imagine a dificuldade que teremos de mudar a nossa forma de agir, os nossos hábitos e atitudes. Por mais "dolorido" que seja, é necessário para que consigamos conviver com as "convenções" de um ser humano cada vez mais globalizado.

A única coisa que ninguém pode tirar de você é o conhecimento. Este, depois de adquirido, é seu, eternamente, lembrando que você terá que atualizá-lo constantemente, diante da velocidade das mudanças.

Construa as suas "verdades" e as reconstrua quantas vezes forem necessárias: o mercado de trabalho está exigindo isso de você.

Educação de adultos

Por que os adultos têm dificuldades em aprender a construir novas "verdades", hábitos e atitudes? Porque não existe nenhum adulto predisposto a esquecer o que se encontra sedimentado em conhecimentos acumulados ao longo da vida. Como abandonar, esquecer o que por tanto tempo foi aceito como certo? É muito difícil ao adulto conseguir fazê-lo. É como se ele tivesse um "filtro" em seu cérebro, que foi desenvolvido com o passar do tempo, com a finalidade de bloquear a entrada de informações que não estão de acordo com as suas "verdades", hábitos e atitudes. Se o que for dito não estiver de acordo com o que o adulto habitualmente pensa ou faz, esse "filtro" cerebral atuará de forma seletiva, e a rejeição se processará de forma automática, na base do "é papo furado", "não acredito", "que basbaquice!"...

A mudança normalmente acontece pela dor (exemplo: perda do emprego) ou pelo prazer (exemplo: promoção...). Se você começar a ver as mudanças sem medo e como necessárias, conseguirá fazê-lo prazerosamente.

O adulto sempre se julga nota 10. Como propor melhorias e mudanças para quem se julga nota 10? É a própria pessoa que precisa descobrir que existem "coisas" novas que ela precisa saber. Ela só efetuará mudanças quando se sentir insegura em seu saber e se sentir desequilibrada em suas "verdades", gerando incertezas e conflitos internos. Dentro desse contexto, ela poderá mudar, criando novas "verdades" e atitudes. A pessoa precisa "deixar de ser escrava" de "valores", "verdades" e hábitos que um dia adotou, para que o seu comportamento mude, adequando-se ao novo perfil desejado pelas empresas.

Quando você pensa que pensa

"Pensar é o trabalho mais difícil que existe; provavelmente, essa é a razão pela qual tão poucos se aventuram a fazê-lo." (Henry Ford)

Ao contrário do que muitos pensam, pensar é muito mais complexo do que os pensamentos que passam incessantemente em nosso cérebro, muitos dos quais motivados pelos nossos sentidos, como, por exemplo, a visão e o olfato.

Esse turbilhão de pensamentos que nos acompanham diariamente não pode ser confundido com o ato de pensar. Vamos aos exemplos: quando você acorda pela manhã, não precisa acionar o cérebro para que ele lhe indique o lado da cama a ser usado para sair dela. Talvez isso tenha sido necessário na primeira vez que você dormiu nesse quarto. Depois se tornou automático. Também não precisa acionar diariamente o seu cérebro para que ele lhe indique a direção do banheiro. Se você estiver "apertado", encontrará o vaso sanitário no escuro, até porque não terá tempo para pensar.

O mesmo acontece com a maioria das pessoas em suas atividades profissionais. Inicialmente precisam pensar para assimilar a função. Depois estabelecem rotinas, e passam o dia no "piloto automático", como se estivessem sendo manipuladas pelo controle remoto do chefe. Na ausência dele... nada acontece.

"Um dos grandes obstáculos à inteligência é o desejo de rotina que as pessoas têm." (Nilton Bonder, em *Fronteira da Inteligência*)

As rotinas impedem que as pessoas pensem, pois simplesmente seguem o padrão estabelecido. Se as pessoas fizerem as mesmas coisas sempre do mesmo jeito, terão sempre o mesmo resultado. Era isso que se desejava nos tempos da Revolução Industrial, quando inclusive se padronizavam tempos e movimentos dos operários, para que não precisassem pensar, limitando-se apenas a cumprir rotinas. Trabalhavam apenas regidos pelo modelo mental da eficiência.

"Pensar é uma ação consciente, que visa a perceber a realidade ao nosso redor, refletir sobre ela, gerando atitudes e comportamentos novos, de forma a afetar a realidade, transformando-a. Pensar é, portanto, mudar a realidade." (Dulce Magalhães, escritora, palestrante)

Quando não colocamos foco nos resultados de nossas ações, é porque estamos no "piloto automático". Nós só pensamos quando conseguimos mudar os resultados com nossas ações, regidos pelo modelo mental da eficácia. Caso contrário, há meramente uma repetição de hábitos e resultados.

A que conclusão você chegou? Pensa, ou pensa que pensa?...

Quando ser bom não basta

Quem não se acha bom? Todos acham que são bons, e isso faz bem para a sua auto-estima. Mas, cuidado! Pode ser uma armadilha do seu cérebro para que se acomode.

Atualmente, há excesso de candidatos para quase todas as funções, e, por vivermos num mundo altamente competitivo, as empresas não podem ficar com os bons. Elas precisam sempre dos melhores. Nas funções em que não há excesso de candidatos, existe a carência dos mesmos por falta de qualificação para preencher as vagas existentes.

Essa é uma realidade mundial, e nenhum governo vai conseguir resolver totalmente a questão do desemprego. Ele pode desenvolver políticas que possibilitem a criação de novos empregos e, principalmente, criar políticas de educação que facilitem o aprimoramento do trabalhador. No entanto, a educação no Brasil não tem recebido a atenção que merece de seus governantes, quando se sabe que o desenvolvimento de um país começa pela educação de seu povo.

As empresas, diante da voracidade fiscal, da política de juros altos, da concorrência predatória e das mudanças que estão acontecendo, não podem garantir postos de trabalho.

A única maneira de você resolver a questão do desemprego é desenvolvendo novas competências e refinando aquelas que você já tem. Aquilo em que você é bom hoje, pode se tornar irrelevante amanhã, ou, então, surgir alguém que o faça melhor. Se isso acontecer, nem o tempo de empresa o salvará, até porque na atualidade isso tem pouca ou nenhuma importância. O paternalismo nas empresas acabou. O

que conta são os resultados gerados. Agrega valor para a empresa, fica. Se não agrega, ...

Não se satisfaça em ser bom. É perigoso. Procure evoluir naquilo que você se acha bom para estar sempre entre os melhores e assim assegurar o seu emprego e a sua empregabilidade. Crie seus diferenciais competitivos e desenvolva novas competências para se tornar multifuncional. Procure entender os porquês das atividades e use a sua criatividade para agregar valor às suas ações. Procure entender a empresa e seu mercado, e assim desenvolver uma visão holística dela.

Com força de vontade (não se deixe seduzir pelos seus desejos), você descobrirá em que pode melhorar, criando assim a sua receita de melhorias para o seu sucesso.

Nunca desista de você! Sempre dá para ser melhor.

Empregabilidade

Empregabilidade é a palavra do momento. Esse palavrão, que ainda não é encontrado em dicionário e que assusta muita gente, significa o conjunto de habilidades e conhecimentos que qualificam uma pessoa para diferentes funções e a ajudam a ingressar ou se manter no mercado de trabalho. Para manter a empregabilidade é preciso que as pessoas estejam constantemente se requalificando, na busca do perfil desejado pelas empresas.

Empregabilidade é a condição de ser empregável. Em tempos passados, bastava estar vivo e ter vontade de trabalhar para se conseguir emprego. Isso mudou, e muito! Nem todos os vivos e com vontade de trabalhar estão conseguindo emprego atualmente. Foi-se o tempo em que era comum a pessoa ingressar na empresa ainda adolescente e sair dela para a aposentadoria. O tempo de permanência na empresa diminuiu a olhos vistos. As pessoas que não estão se requalificando para atender às novas necessidades do mercado de trabalho, tornam-se dispensáveis mediante a velocidade com que as mudanças estão acontecendo. Ou seja, "dormiram no ponto" e não viram a "banda passar".

Quem se manteve "acordado", percebeu a nova realidade e se requalificou para permanecer no emprego. A maioria dos que perderam seus empregos nos últimos anos reconhecem que o perderam porque ficaram ultrapassados. Por que não perceberam o perigo quando ainda estavam em seus empregos? Acomodação! Como sapos em recipiente com água e aquecida em fogo brando, foram se acostumando com a temperatura mais quente, até serem fervidos nela.

O maior rigor na hora da contratação de pessoal, que antes existia só para níveis hierárquicos mais elevados, passou a valer para o pessoal que usa macacão, do chão de fábrica, das atividades mais simples às mais complexas. Má notícia para os trabalhadores com baixa escolaridade que venham a perder o emprego daqui para frente: os candidatos com mais instrução terão a preferência. Experiência anterior não conta muito, porque tudo está mudando muito rapidamente. O que valia seis meses atrás, pode não ter mais a mesma importância.

"O mundo de hoje ganhou dimensão diferenciada e tem no tempo um desafio permanente. Respostas velhas não resolvem novos desafios. No passado, o saber hibernava. Hoje, o conhecimento envelhece rapidamente. Vivemos a divulgação instantânea. A informática é uma realidade. A comunicação oral, a pintura em cavernas, o papiro, o pergaminho, o papel, abrem alas para o texto *on-line,* para o *e-book.* O tempo é da Internet, com sete mil artigos científicos por dia." (Jarbas Lima – Diretor da Faculdade de Direito da PUCRS – em "Educação e Comunicação" – jornal *Correio do Povo,* de Porto Alegre – 22/07/07.)

Segundo a Universidade de Campinas, Unicamp, em dados coletados do IBGE, o desemprego entre jovens dobrou no período de 1995 a 2005. Vale uma reflexão...

Os confrontos em todas as áreas serão cada vez mais intelectuais: é o predomínio da mente sobre a força física.

Só suor na testa não resolve mais. Tem que "suar" os neurônios...

Emprego para toda a vida, só com aprendizado contínuo

O emprego para toda a vida, como acontecia em tempos passados, quando a pessoa se mantinha nele até a sua aposentadoria, está se tornando raro.

Com o crescente dinamismo da economia atual, é provável que as pessoas tenham que mudar de emprego muitas vezes ao longo da vida.

Profissões vão desaparecer e muitas outras vão surgir. Diante desse cenário, as pessoas precisam estar constantemente se aperfeiçoando, evoluindo, procurando desenvolver novas competências. E, na medida em que os requisitos educacionais nas novas ocupações vão subindo, a pressão sobre os trabalhadores mal preparados também aumenta. Os que não conseguem perceber e se adaptar às necessidades de um mercado de trabalho altamente competitivo, tendem a ser empurrados para o mundo dos excluídos.

A aprendizagem ao longo de toda a vida é uma atividade inadiável. As empresas estão trocando mão-de-obra por cabeça-de-obra, buscando pessoas com capacidade analítica para selecionar as informações e utilizá-las adequadamente.

Como o segundo grau não prepara para o trabalho, procure fazer algum curso técnico. Quanto mais cursos você puder fazer, melhor. Com eles você estará aprendendo a pensar, a desenvolver novas habilidades e competências.

Quanto às mudanças diante deste novo cenário, Milton Gava, Diretor de Educação do SENAI – SP, diz: "Antigamente a gente dava uma tarefa e os caminhos que o aluno tinha de percorrer para executá-la corretamente. Hoje, apresentamos um problema ao aluno e é ele quem terá de resolvê-lo, pesquisando e raciocinando."

Perceberam a brutal diferença no método de ensino do SENAI apresentado acima? Antes o aluno só precisava seguir orientações, na condição de mero repetidor (adestramento). Hoje, as empresas querem que seus funcionários saibam analisar as informações na busca de soluções para os problemas da empresa. Resumindo: precisam saber pensar. O funcionário de hoje precisa saber o porquê das atividades e a partir daí melhorar seus resultados. Sempre há uma maneira melhor de fazer as coisas. É preciso que as pessoas desenvolvam uma visão sistêmica (do todo), e não fragmentada. Que possam entender todo o processo de produção ou de serviços e não apenas parte dele. Pessoas com essa capacidade desenvolvida dificilmente perderão o emprego, desde que continuem evoluindo.

Máquinas e equipamentos podem se tornar obsoletos; pessoas, jamais, pois elas próprias são responsáveis pela construção e reconstrução de si mesmas.

Desemprego: por que se faz tão pouco?

A palavra *desemprego* é presença constante em noticiários, com índices alarmantes. Desemprego se resolve com educação, com política econômica adequada à criação de novos empregos.

Quantas pessoas se candidatam a vagas de emprego sem terem as condições mínimas exigidas: problemas de educação, de qualificação.

"O dilema mais grave do ensino médio é preparar para o trabalho ou para o superior, objetivos que competem seriamente pelo tempo do aluno. Preparar para o trabalho pode exigir a formação profissional. É o império da prática, do conhecimento voltado para a aplicação concreta. Contudo, a metade dos alunos vai diretamente para o mercado de trabalho. O que ensinar a eles no ensino médio? Conhecimentos práticos? Mas não há nada mais prático do que uma boa teoria, pois é a ferramenta para pensar corretamente. Outro papel do médio é preparar para o ensino superior. No fundo, significa ceder à pressão para aprender o que quer que seja pedido nos vestibulares." (Cláudio de Moura Castro, em "O ensino médio congestionado", para revista *Veja* de 02/05/07.)

O modelo educacional brasileiro precisa ser discutido urgentemente. Os jovens que saem do ensino médio, além de conhecimento e cultura útil, precisam também estar seguros de que estão preparados para a iniciação no mercado de trabalho. Infelizmente, não estão.

Às vezes, chega-se à conclusão de que muita gente está desempregada porque merece estar. Não se preocupam com a sua qualificação, com a sua empregabilidade, não assumem responsabilidades próprias.

Profissionais bons, competentes e interessados não estão sobrando, não. a crise não é de mercado, mas de incompetência operacional.

O perigo de ficar "boiando"

Este texto, meus caros leitores, é inspirado em "As 8 horas que fazem a diferença", de Luiz Marins, antropólogo, escritor, consultor, palestrante...

O dia tem o mesmo tempo para todos. O grande diferencial das pessoas que dão certo é a maneira como elas aproveitam esse tempo.

O tempo usado para trabalhar e para dormir não difere muito entre as pessoas. A chave do sucesso, como diz o professor Marins, é como cada um aproveita o tempo em que não está trabalhando nem dormindo.

O problema é que você precisa ser cada vez melhor naquilo que faz. É preciso evoluir continuamente...

Enquanto você se diverte, gasta suas horas livres em lazer, existe alguém se preparando para um dia tirar o seu lugar na empresa. Isso não quer dizer que você não possa curtir os prazeres da vida. Deve fazê-lo, sim. Porém, é preciso ter disciplina no uso desse horário livre. Parte dele, você precisa investir em si, para evoluir e até para manter sua posição na empresa. Hoje, diante da concorrência e da velocidade com que as coisas acontecem, é como nadar rio acima: se pararmos de nadar, a correnteza nos leva para trás. É preciso encontrar tempo para conhecer melhor a sua empresa, conversar com colegas de outros setores, saber das suas rotinas e de seus problemas, aprender com eles... Entender como a empresa funciona e como os demais setores interagem entre si. Com isso você consegue ter uma visão holística da empresa e de como melhorar os seus resultados.

Se você não desenvolver diferenciais competitivos na sua empresa e ficar "boiando", você irá desembocar num mar de

desempregados e desesperados, porque estes também não perceberam a forte correnteza que os arrastava para o desemprego.

Não pense que isso só acontece com os outros. Se você não se desenvolver intelectualmente, por mais tempo de empresa que você tenha, por maior que seja a sua amizade com o seu chefe, ele terá que substituí-lo, sob pena de ele próprio ser substituído, porque a sua equipe estará produzindo resultados insatisfatórios...

Sorte... é o encontro do preparo com a oportunidade

Esteja sempre preparado, porque o seu "dia de sorte" vai chegar. Você precisa acreditar e manter-se preparado. Uma boa oportunidade sempre surge para aqueles que se preparam.

Tenho visto muitas pessoas perderem grandes oportunidades na vida por estarem despreparadas quando elas surgiram. São aquelas pessoas que vivem de forma inconsciente, sem se preparar, sem evoluir... Como aquele jogador de futebol, por exemplo, que é relapso nos treinamentos porque ainda não é o titular da equipe. No entanto, quando chega a sua oportunidade, ele joga mal, por estar despreparado e perde, assim, uma grande oportunidade de conseguir a tão sonhada titularidade na equipe. O mesmo acontece nas empresas: muitas pessoas não se preparam para as oportunidades que irão surgir, como se não acreditassem na "sorte".

Quando você se prepara continuamente, porque acredita no seu potencial, com certeza o seu "dia de sorte" chegará. É claro que você precisa se dedicar mais do que os outros. Estudar mais, ler mais, desenvolver novas habilidades; enfim, desenvolver diferenciais competitivos. Quando isso for real, perceptível, a sorte não lhe dará as costas.

A sorte não procura os bons. Ela procura os melhores, as mentes preparadas, que sabem pensar e resolver problemas.

No entanto, há também aqueles que não acreditam na sorte e mesmo assim venceram. Franklin D. Roosevelt, o inesquecível presidente americano, disse certa vez: "Acredito piamente na sorte; descobri que quanto mais eu trabalho, mais sorte eu tenho".

Assim, existem muitas pessoas que não ficam esperando pela sorte. Simplesmente arregaçam as mangas e, indiferentes ao que pensam os outros, com seus propósitos e determinação de luta, enfrentam os obstáculos e imprevistos. Pessoas assim nunca contaram com a sorte e, mesmo assim, tornaram-se vencedoras.

Acredite em você e prepare-se continuamente. Quem se prepara, arregaça as manga e vai à luta, alcançará a vitória.

Vá além do B-A-BÁ da empresa

Houve um tempo em que bastava ter saúde e vontade de trabalhar para a pessoa conseguir emprego.

Tempos mais tarde, começou-se a dar preferência para os alfabetizados. Saber ler e escrever eram diferenciais competitivos que garantiam emprego às pessoas.

Com o tempo, muitas pessoas foram alfabetizadas, e esse fator deixou de ser um diferencial competitivo no mercado de trabalho. Já não bastava mais saber ler e escrever. Ter o primário, hoje ensino fundamental, tornou-se um diferencial competitivo.

O tempo foi passando, e o ensino fundamental ficou ao alcance de todos e por isso já não era mais garantia de emprego. O segundo grau passa a ser então o diferencial competitivo no mercado de trabalho.

Na atualidade, o segundo grau deixou de ser diferencial competitivo e passou a exigência mínima no mercado de trabalho. Sem ele as portas estão fechadas para quem quer conseguir uma vaga de trabalho digno.

A situação do mercado de trabalho mudou tão radicalmente, que muitos não conseguiram acompanhar essa evolução. O que antes era máximo, agora virou mínimo. O funcionário que conhecia o B-A-BÁ na empresa estava garantido. Ou seja, ele só precisava assimilar as funções do seu cargo de acordo com o seu "adestramento" e desempenhá-las. Hoje é o mínimo que se espera dele na empresa. Conhecimentos em informática, de diferencial competitivo passou a condição mínima para a maioria das vagas no mercado de trabalho.

O mundo corporativo mudou a uma velocidade nunca vista. Num "toque de mágica", o poder migrou das empresas para os consumidores, que hoje precisam ser conquistados e encantados pelos empresários e seus funcionários. A tecnologia avançou muito, ao mesmo tempo em que se tornou acessível às empresas, que tiveram que contratar funcionários mais qualificados para atender a essa demanda de tecnologia.

Você que está empregado não pode se acomodar em saber somente o B-A-BÁ para o qual foi adestrado na empresa. Precisa requalificar-se, buscando mais informações e conhecimentos que lhe proporcionem um excedente de saber. As empresas e você vão precisar deles para reagir diante de novos cenários e desafios, que surgem cada vez com mais freqüência.

Para se manter no emprego, você precisa reunir sempre um excedente de conhecimentos, para ter uma sobra quanto às exigências atuais da sua função na empresa. Ter competitividade no mercado significa ter sempre mais habilidades do que o necessário e saber sempre mais do que o suficiente.

Sempre é bom lembrar que os conformados em saber só o B-A-BÁ da empresa são os primeiros a serem lembrados quando a empresa precisa demitir ou substituir funcionários.

Ninguém tem o direito de ser medíocre

É claro que essa afirmação não nos preocupa, porque medíocres são sempre os outros.

Segundo o dicionário, *medíocre* significa pessoa de pouco talento ou merecimento, comum, vulgar, habitual, insignificante. Como vimos, a palavra *medíocre* é depreciativa.

Quando alguém é amador, não tem compromisso com a perfeição, que nem lhe é cobrada. No entanto, quando se trata de profissionais, no meio empresarial, cultural ou esportivo, existe a cobrança quanto à expectativa do desempenho do profissional, e dizemos que o desempenho é medíocre quando está aquém do esperado.

Como está o seu desempenho "profissional" em sua empresa? Pode ser avaliado como profissional? Ou neste momento você prefere ser avaliado como amador? Como você imagina sua avaliação na empresa, como profissional? Não se esqueça de que "mais ou menos" é o mesmo que medíocre.

Um motorista "mais ou menos" vai perder o lugar para o bom e treinado motorista. O mesmo acontecerá com o vendedor, o empacotador, a operadora de caixa, o mecânico, o digitador e até a faxineira. **Não há mais espaço no mercado de trabalho para profissionais medíocres, os conhecidos como "mais ou menos".**

Não é a pessoa que é "medíocre", mas o seu desempenho naquilo em que está sendo avaliada. Por exemplo: um grande cantor pode ter desempenho medíocre se for avaliado como jogador de futebol, e vice-versa. Ele precisa ter méritos na profissão em que for profissional.

O mercado de trabalho está mais exigente, mais competitivo, e as empresas precisam de verdadeiros profissionais, que não sejam somente portadores da carteira profissional de trabalho, mas que possam oferecer sempre algo mais, que se traduz em qualidade e eficácia para a empresa.

É preciso que cada um faça uma auto-análise da sua atuação como profissional, se está indo além daquilo que qualquer um faz, já que é isso que nos diferencia dos medíocres.

Crescer dá trabalho, por isso muitos aceitam a mediocridade. É a acomodação do ser humano, o último estágio da morte psicológica, quando ele deixa de fazer acontecer e simplesmente passa a aceitar passivamente o que lhe acontece. Não deixe que isso aconteça com você. Devemos ter a felicidade de sermos eternos aprendizes.

Responsabilidade por seus resultados

Acostumados ao assistencialismo do governo e ao paternalismo nas empresas, muitos ainda não assumem responsabilidade sobre o que são, fazem e têm. De forma inconsciente, delegam-na para outras pessoas. O pensamento comum dessas pessoas é: "Ninguém me ensina, ninguém me ajuda, ninguém me manda"... Esse papo de responsabilidade pessoal não cola com as pessoas menos instruídas. Pessoas desse nível preferem que simplesmente lhes seja dito o que fazer e o que não fazer, o que é certo e o que é errado, o que é bom e o que não é... Afinal, onde já se viu pedir para as pessoas serem responsáveis por si mesmas?

O que fazer com pessoas assim? Querem que alguém seja eternamente responsável por elas. São afetadas pela "síndrome de Peter Pan": não querem crescer, não querem se tornar adultos e se desenvolver, não querem descobrir a sua verdade interior, porque isso as torna responsáveis. É mais fácil assumir as verdades dos outros (do chefe, do professor, do padre...), porque se algo sair errado, a culpa será deles. Descobrir verdades pessoais dá trabalho... É preciso pensar, usar o cérebro, exercitar os neurônios... É tudo o que essas pessoas não querem fazer.

Pessoas que não assumem responsabilidades por si mesmas, não crescem, não contribuem para o seu próprio desenvolvimento e para melhorar o seu nível de vida. Colocam-se como simples cumpridores de ordens superiores. De forma inconsciente, elas se anulam e não aceitam ser responsabilizadas por nada. Não vêem o trabalho como uma forma de aprendizado, de evolução e de crescimento profissional, mas de uma maneira de trocar o seu tempo e esforço por dinheiro, sempre julgado insuficiente.

O que se prega hoje, tanto nas escolas como nas empresas, é que alunos e funcionários não devem ser meros repetidores das verdades de professores e chefes. Devem elaborar as informações e, a partir delas, descobrir as suas verdades e redescobri-las quantas vezes for necessário, diante da velocidade das mudanças do mundo em que vivemos; isso é crescer e desenvolver responsabilidades próprias.

A grande revolução que vivemos indica que neste século XXI cada um de nós deverá ser responsável por si mesmo. Nem escola nem empresa nem igreja poderão assumir responsabilidades por nós. Essa responsabilidade pertence a cada um, que deverá construir e seguir o seu próprio caminho. Essa é uma das "novas regras" que você precisa assimilar e uma das "novas pedras" nas quais você deverá pisar para encontrar o novo caminho do sucesso. Essa eu entreguei de "bandeja"! As outras novas regras e pedras você deverá descobrir sozinho.

A "ferrugem" contaminando os funcionários mais antigos

Diante das mudanças e da evolução tecnológica dos últimos tempos, muitos funcionários podem estar sendo contaminados pela Síndrome dos Quatro "DES": Desorientação, Desmotivação, Desinteresse e Desligamento e, nessa condição, são conhecidos como funcionários "enferrujados".

Tenho percebido em meus treinamentos que essa "ferrugem" é mais comum em funcionários antigos, aqueles que em tempos passados sentiam-se "os reis da cocada" pelos conhecimentos adquiridos durante muitos anos de empresa.

Como as mudanças nos últimos tempos têm sido cada vez mais velozes e radicais, **muito desse conhecimento perdeu valor**, e muitos desses funcionários não conseguiram desaprender para aprender novamente, tornando-se dependentes de conhecimentos e habilidades de funcionários mais novos na empresa. Nesse contexto, a contaminação pelos quatro "DES" acontece muito rapidamente, principalmente se o próprio funcionário não for humilde e solicitar ajuda. É natural que com tantas mudanças acontecendo ao mesmo tempo muitos funcionários sintam-se desorientados, o que os leva à desmotivação e em seguida ao desinteresse e ao desligamento.

Desaprender pensamentos "automáticos" que nos acompanham a vida inteira e mudar hábitos e atitudes têm sido realmente muito difícil para todos. Também é verdade que muitos não têm se esforçado para entender às mudanças, querendo simplesmente ignorá-las. Isso, para as empresas, tem a conotação de um pedido de demissão, que não tardará a acontecer.

Um empregado "enferrujado" está mentalmente ausente do trabalho, não participa do grupo, fica só pensando na hora de ir embora; acha mais dificuldades que soluções, e alega sempre uma suposta injustiça quando é cobrado por alguma falha. Dá sempre o mínimo, quando a empresa espera dele o máximo de desempenho.

Infelizmente, é muito mais fácil para as empresas substituir funcionários "enferrujados" do que tentar "desenferrujá-los". Por esse motivo, tantos funcionários antigos têm sido demitidos de suas empresas.

Diante de todo esse caos que se instalou nas empresas, causado pelas mudanças globais, o grande desafio de qualquer empresário é tentar manter a sua equipe o mais motivado e criativo possível, porque este estado de ânimo é responsável pela qualidade e produtividade. Se o empresário tentar entusiasmar o seu pessoal e perceber que está cercado de gente que tem entusiasmo morno, deve substituí-los, porque o que ele precisa é de parceiros motivados.

Seja uma pessoa motivada e ajude a criar um ambiente criativo, que incentive colegas a darem o melhor de si, num momento em que a maioria das empresas luta para sobreviver.

Automotivação no trabalho: o combustível renovável que precisa estar dentro de você

Por que algumas pessoas, sob as mesmas condições, conseguem ir mais longe, mais rápido e alcançam melhores resultados do que outras? Esse grande diferencial competitivo chama-se "AUTOMOTIVAÇÃO". É a própria pessoa que se automotiva. Motivar é ter motivos. Ter motivos para trabalhar, para querer aprender, para querer vencer, para se comprometer e para se dedicar àquilo que faz.

A motivação é fundamental no mercado de trabalho, para quem quiser se manter no emprego ou para o seu crescimento profissional. A motivação deve ser o combustível renovável que precisa vir de dentro da pessoa. Deve ser inesgotável, porque as empresas, cada vez mais, estão se convencendo de que não cabe a elas ficar motivando funcionários. Segundo elas, o próprio emprego já deve ser motivo para a automotivação do funcionário.

Cada vez mais, as empresas vão investir na capacitação de funcionários que já estejam motivados. Os tradicionais programas de motivação de funcionários estão se tornando raros, pois as empresas não querem mais investir dinheiro para animar funcionários. Elas estão dispostas a investir em cursos que capacitem os funcionários motivados e comprometidos para resolver problemas específicos da empresa.

Os principais fatores de motivação nas empresas são a autonomia e a iniciativa. O funcionário que tem autonomia no trabalho pode exercê-lo com criatividade, o que é motivador e desafiador.

A iniciativa é decorrente da autonomia. O funcionário sente-se motivado e estimulado a abandonar a rotina, tornando-se mais produtivo. A autonomia é algo que se conquista com dedicação e comprometimento com a empresa.

Para vencer os desafios da motivação, é preciso primeiro vencer a baixa auto-estima, que faz com que a pessoa tenha medo de vencer. Pessoas que têm alta auto-estima acreditam em si e na sua capacidade de enfrentar desafios e de vencê-los.

A baixa auto-estima faz com que o indivíduo se torne inseguro e, por medo de errar e sofrer com a humilhação causada pela sua experiência fracassada, ele deixa de tentar novamente, desperdiçando a chance de aprender. Assim, alguma experiência frustrada leva-o a julgar-se incapaz, o que o impede de tomar atitudes que dependem exclusivamente dele. Nessas circunstâncias, normalmente ele se acomoda e torna-se um mero cumpridor de rotinas e de ordens do chefe.

Como anda a sua auto-estima e o seu entusiamo? É a partir deles que o seu cérebro "fabrica" o combustível renovável da sua automotivação, que é um grande diferencial competitivo para a sua empregabilidade e seu crescimento profissional.

Você é... trabalhador, trabalhazer, trabalhasão?

Trabalhador, como diz a própria palavra, trabalha+dor, é quem trabalha com dor, para quem o trabalho é castigo, sofreguidão... A pessoa vai para o trabalho como quem vai para a guerra.

Trabalhazer é quem tem prazer no trabalho [trabalha+prazer]. É quem gosta e curte o que faz. Para ter sucesso profissional é preciso aprender a gostar do que se faz e não fazer só aquilo de que se gosta. Trabalhar com prazer, sem *stress*... Os resultados do trabalhazer para os colegas e para a empresa são excepcionais!

Trabalhasão é aquele que tem tesão pelo trabalho [trabalha+tesão]. Ele se realiza plenamente com o que faz, que, aliás, deixa de ser trabalho e passa a ser fonte de felicidade e realização pessoal. O trabalhasão é aquele que tem a felicidade de praticar a sua vocação. **São pessoas auto-energizadas, que não precisam de nenhum viagra emocional para a tesão que sentem; vivem inventando maneiras novas de gostar cada vez mais daquilo que estão fazendo; são os melhores funcionários de uma empresa.**

Sempre é tempo para se tornar um trabalhazer ou um trabalhasão. Tudo começa e termina em você.

Você é uma "commodity" no mercado de trabalho?

"Commodities", no sentido clássico do termo, são produtos sem diferenciação, ou seja, em todos os lugares ele é o mesmo. O fator que irá determinar a escolha do fornecedor será **o preço**. Alguns exemplos de "commodities": soja, milho, feijão, alumínio, cobre, ferro e petróleo.

No cenário econômico global em que vivemos, a velocidade das informações disponíveis e a instantaneidade com que a tecnologia avança criam pressão para que empresas e profissionais se transformem em "commodities", ao que chamamos de "commoditização". Ou seja, o mundo ficou pequeno diante da rapidez e da facilidade proporcionadas pela tecnologia, de obtermos informações de qualquer lugar do planeta. Se alguém descobrir ou inventar algo novo, em pouquíssimo tempo todos poderão saber e se beneficiar dessa informação. Muito se cria e tudo se copia. Nada é exclusivo por muito tempo.

Se empresas e profissionais não forem criativos, simplesmente limitando-se a copiar modelos que estão dando certo, logo todos se tornarão iguais, transformando-se em "commodities", em que o fator de diferenciação será o preço. **O desafio é estarmos constantemente nos reinventando, criando algo novo, que nos diferencie e agregue valor, até o momento em que formos copiados. Nasce aí a necessidade de nos reinventarmos para deixar de sermos "commodities" mais uma vez.**

Existe uma pressão do mercado de trabalho para que profissionais se tornem "commodities", porque muita gente está oferecendo os mesmos serviços, as mesmas competências e habilidades, sem nada de especial, tendo no preço o seu único diferencial. Essa mesmice joga a remuneração de todos para baixo, pois, como sabemos, o que é abundante e fácil de encontrar tem pouco valor.

Não importa o que façamos; por mais simples que seja, é imprescindível que criemos sempre algo especial, diferente, com riqueza de detalhes e que agregue valor, porque é através desses diferenciais que deixamos a nossa marca, a nossa assinatura, fugindo da "vala comum" da commoditização.

No meio disso tudo, como você se encontra? Já virou "commodity"? Lembre-se de que seus diferenciais de hoje poderão não sê-lo amanhã. Mantenha-se sempre alerta para perceber a hora de se reinventar. **Essa revolução é com você!**

Para se destacar, seja diferente

Mudar hábitos, quebrar paradigmas, é o que as mudanças de um mundo moderno, globalizado, estão a exigir de nós. Ou nos acordamos e nos adaptamos às exigências de um mercado supercompetitivo, ou ficaremos fora dele. Se você insiste em fazer as coisas como sempre foram feitas, porque assim é mais confortável, poderá ser substituído por alguém que acredita que pode fazê-lo diferente, melhor, com mais eficácia.

Ser diferente depende de suas habilidades e competências, que são o conjunto de conhecimentos e atitudes que permitem melhorar o seu desempenho na empresa. Significa: ser criativo, atento aos detalhes, ver o "invisível", ser comprometido, ter automotivação, ser motivador, ter bom relacionamento com clientes internos e externos, agregar valor para a empresa... De nada adianta ser diferente por ser diferente. É preciso que esse "ser diferente" gere lucros e também aumente a visibilidade da empresa.

Hoje, as empresas querem profissionais mais qualificados e mais flexíveis e que tenham a capacidade de exercer diferentes funções, que sejam potencialmente autogerenciáveis, saibam se comunicar e trabalhar em equipe, que conheçam em profundidade a sua área de atuação e tenham uma visão geral da empresa. Com força de vontade, você poderá desenvolver todas essas habilidades. Lembre-se: quando você acredita que pode, o "mundo" conspira a seu favor.

As empresas precisam de funcionários que desejam crescer, para que elas também possam crescer. Não seja um funcionário "anão", aquele que já parou de crescer. O mercado de trabalho está cheio de "anões". Para se destacar, seja diferente: demonstre em ações e atitudes que você está comprometido com a empresa e com o seu crescimento profissional.

Olhe para frente e pratique o "benchmarking" pessoal

Se você deseja crescer, evoluir, ou simplesmente manter o seu emprego, precisa investir cada vez mais no seu aprendizado profissional, querendo saber sempre mais... Não se contente com o pouco que você já sabe, embora possa pensar que já sabe muito.

Não se compare com aqueles que sabem menos que você, porque já os ultrapassou. Procure visualizar sempre aqueles que sabem mais que você, que estão à sua frente. Na competição do aprendizado, não se deve olhar para trás, vislumbrando o quanto já aprendeu, mas olhar sempre para frente, para perceber que a corrida do saber é muito longa, sem fim... E teremos que fazê-lo cada vez mais depressa, porque as informações, as mudanças também estão mais velozes.

"O sucesso é construído à noite. Durante o dia você faz o que todos fazem: trabalha. Mas, para conseguir um resultado diferente da maioria, você tem de ser especial. Se fizer igual a todo mundo, obterá os mesmos resultados dessa maioria, que não é modelo de sucesso." (Dr. Roberto Shinyashiki, escritor, consultor, palestrante)

Para obter o sucesso profissional, também é importante que você pratique o "benchmarking" pessoal, que significa: observar quem é o melhor naquilo que você faz e buscar nessa pessoa a inspiração para o seu desenvolvimento profissional. Você o faz conscientemente. Isso é muito comum no meio artístico e esportivo: o profissional elege o seu ídolo e busca nele a sua inspiração. Quanto melhor for a sua "imitação", mais próximo do sucesso estará. Na empresa, tente se inspirar em alguém que é "fera" no que você faz. Você também pode se inspirar em profissionais de outras empresas.

Segundo Michael Colgrass, o ideal é que você se espelhe em alguém, conscientemente. Observar as características que fazem essa pessoa ser bem-sucedida, estudar a pessoa, sua personalidade. Não é uma imitação. É um treinamento. Você nunca deixa de ser você. As pessoas que conseguiram se realizar profissionalmente sempre falam de seus modelos, de onde tiraram os seus hábitos, comportamentos e inspiração. Sempre que você entrevista alguém importante, você pergunta: quem inspirou você? Todos têm seus modelos. Homens de negócios, artistas, todos! É uma verdade da vida: quando você quer uma coisa, você precisa começar a ser como alguém para chegar lá.

Este é um método de descobrimento. A pessoa precisa descobrir nos outros os motivos que os levaram ao sucesso e, então, repeti-los para obter o sucesso desejado. Lembre-se de quem você admira, sinta-se como se a pessoa "encarnasse" em você, e vá à luta!

Cabeça-de-obra

O termo "cabeça-de-obra" ainda não é encontrado no dicionário, ao contrário de "mão-de-obra", que já é antiga.

Acontece que o mercado de trabalho não é mais o mesmo: ficou mais exigente. Quem se acomodou, cedeu seu lugar para quem se aperfeiçoou. Não há nada que se possa fazer a não ser se preparar continuamente para essa competição sem fim. E para não "beijar a lona", você precisa entender o que está acontecendo.

Antes, apenas o topo da pirâmide ousava ter vida inteligente. Pensar era tarefa do chefe. Os de baixo, apenas cumpriam ordens, rotinas e horário e não tinham responsabilidade pelo insucesso da empresa. O mundo do trabalho se tornou mais difícil e mais complexo e quem se comporta segundo os padrões antigos, está se arriscando a ingressar nas estatísticas de desemprego do IBGE. Em busca de produtividade, as empresas estão se reciclando e funcionando melhor com menos funcionários.

Para não perder o trem da história, alcançar o sucesso profissional, ou simplesmente conseguir trabalho, é necessária uma série de pré-requisitos e habilidades que, na maioria das vezes, as escolas não ensinam: saber pensar é um deles. **As empresas querem pessoas que saibam resolver problemas e assumam responsabilidade sobre o sucesso ou insucesso da empresa.**

"As escolas brasileiras não ensinam a pensar. Nossa obrigação era anotar o que o professor dizia e na prova final tínhamos que repetir o que havia sido dito. Aprendi poucas coisas que uso até hoje. Num mundo em que se fala em mudanças constantes, em que nada será o mesmo, em que o volume de informações dobra a cada dezoito meses, fica óbvio que ensinar fatos e teorias do passado se torna inútil e até contraproducente. No dia em que os alunos se formarem, mais de dois terços do que aprenderam estarão obsoletos. Sempre teremos problemas novos pela frente. Como iremos enfrentá-los depois de formados? Isso ninguém ensina. Existem dezenas de cursos revolucionários que ensinam a pensar, mas que poucas escolas estão utilizando." (Stephen Kanitz, em "Aprendendo a pensar", revista *Veja* de 07/08/02.)

Fomos acostumados a procurar por respostas prontas. Nas escolas elas estão com os professores; nos lares, com os pais; e nas empresas, com os chefes. Não fomos estimulados a pensar, a resolver problemas.

O século XXI, porém, vem sendo aclamado como um marco na era do conhecimento, onde a mente das pessoas, e não os seus músculos, é a responsável pelo sucesso da empresa. Ter um batalhão de braços ignorantes funciona como um gargalo ao crescimento econômico das empresas e ter cérebros em abundância é pura vantagem competitiva.

"Na minha empresa é proibido usar a palavra 'mão-de-obra', pois queremos profissionais com inteligência e envolvimento emocional." (Jorge Gerdau Johannpeter, Presidente do Grupo Gerdau.)

Esta é a grande revolução silenciosa que estamos vivendo e que nem todos estão percebendo: os "mãos-de-obra" estão sendo substituídos pelos "cabeças-de-obra".

"Adestramento" em empresas do século XXI?

A diferença entre adestramento e treinamento é que o adestramento não envolve inteligência e raciocínio. Por isso, o termo "adestramento" é mais usado quando se trata de ensinar animais.

O treinamento é uma concepção que está voltada para desenvolver as possibilidades do trabalhador de forma plena, enquanto que no adestramento só se ensina a fazer uma determinada atividade, sem agregar nada de conhecimento criativo.

No treinamento, a pessoa é estimulada a pensar, analisar e concluir. Não existem respostas prontas. **O "como" fazer é substituído pelo "por que fazer".** Dessa forma, o funcionário vai mais fundo no aprendizado, analisando "o porquê se fez" e "por que se fez dessa forma", tomando por base o que agrega valor ao cliente e à empresa. A pessoa é desafiada em sua capacidade, o que desenvolve a sua inteligência e criatividade e a motiva para uma visão holística da empresa.

No adestramento, a pessoa só recebe informações de como fazer as coisas e repeti-las rotineiramente, perpetuando hábitos e resultados. Ou seja, o funcionário, ao bater o seu cartão-ponto, desliga o cérebro, recebe ordens do chefe e atravessa o dia "bovinamente", sem externar idéias próprias e sem contribuir para melhorias na empresa, o que também não contribui em nada para melhorar a sua empregabilidade. "Nesse ambiente, as pessoas são domesticadas, em vez de educadas. Daí o homem obediente, mas sem iniciativa. Daí o homem manso e dócil, mas sem autonomia e responsabilidade. Daí o homem alienado, inseguro, frustrado, vendo as coisas mais na superfície do que em profundidade, alijado de seu ímpeto criador e de seu projeto de vida." (Roberto Adami Tranjan, em *Não Durma no Ponto*.)

Infelizmente, muitas empresas continuam fazendo adestramento de funcionários e, o que é pior, a maioria deles se "satisfaz" com esse tipo de "treinamento", pois é mais cômodo: não precisam pensar. É só cumprir ordens e repetir-se diariamente. O adestramento de pessoas é herança da revolução industrial, tempo em que se contratava "mão-de-obra".

Não se satisfaça com adestramentos. Seja o seu próprio treinador. Dê desafios ao seu cérebro, seja curioso e busque informações que possam melhorar a sua empregabilidade e o crescimento profissional.

Informática

Antigamente, saber ler e escrever era um diferencial competitivo no mercado de trabalho. As pessoas eram contratadas tão-somente por saberem ler e escrever. Acredite!

Quando entramos na era da computação, ter conhecimentos em informática era um diferencial competitivo que garantia empregos bem remunerados.

Atualmente, ter o segundo grau e conhecimentos em informática não são mais diferenciais competitivos, mas exigências mínimas para quem quer ingressar no mercado de trabalho.

Se na empresa em que você trabalha ainda não estão exigindo que você tenha conhecimentos em informática, prepare-se porque isso não tardará a acontecer. E se você for demitido, como ficará a sua situação para encontrar um novo emprego?

Não faça parte dos excluídos do mercado de trabalho por falta de conhecimentos em informática. Cursos de informática estão acessíveis em praticamente todas as cidades. Mexa-se! Se você realmente estiver interessado em aprender, sempre encontrará alguém disposto a lhe ensinar. O que parece complicado logo se tornará fácil para você. Acredite na sua capacidade. Ninguém nasceu sabendo.

Eficiência ou eficácia?

Eficiência é a virtude de produzir efeito.

Eficácia é o que produz o efeito desejado; ou seja, realizar algo com a melhor performance para a obtenção do resultado desejado.

Para que possa fica mais clara a diferença entre eficiência e eficácia, vamos ao exemplo: o chamado beijo "técnico" no meio artístico é eficiente. A eficiência visa à ação; a eficácia visa ao resultado dessa ação. Beijo eficaz é aquele que liga em cima e esquenta embaixo. Se não esquentou embaixo, o beijo foi apenas eficiente. Da mesma forma, se a sua parceira de cama disser que você teve "desempenho" eficiente, é porque faltou alguma coisa. Se, no entanto, ela disser que você foi eficaz... Uauh!!! Você tá com "bola cheia".

Eficiência era o que se exigia dos funcionários em tempos passados, quando as empresas contratavam "mão-de-obra". Tempo em que bastava ao funcionário ser bom cumpridor de horário, ordens e rotina. Tempo em que o funcionário podia deixar o seu cérebro em casa, bastando repetir-se todos os dias, mantendo-o no "piloto automático". Tempo em que os empresários estabeleciam o que e como produzir e a que preço vender.

Isso mudou, e muito! A concorrência acirradíssima que se estabeleceu em todo mundo com a globalização fez com que o poder migrasse dos empresários para os consumidores. Hoje são eles que determinam o que e como produzir e até que preço estão dispostos a pagar por determinado produto.

As empresas tiveram que se adaptar rapidamente a essa mudança de foco, que passou da produção para a satisfação do consumidor. Da eficiência, dos tempos da Revolução Industrial, todos tiveram de passar para a eficácia dos tempos de hoje.

Atualmente as empresas estão mais interessadas em pagar os seus funcionários pelo uso de seus neurônios do que pelo tempo usado em seu trabalho.

O uso do tempo pode garantir um trabalho eficiente, mas um trabalho eficaz só poderá ser garantido pelo uso de neurônios. O negócio não é fazer a coisa bem feita. É fazer a coisa certa, no momento certo e da maneira certa.

Portanto, para manter-se empregado e empregável, adote o modelo mental da eficácia, uma vez que não basta ser eficiente. Para isso é preciso estar presente de corpo e alma na empresa. A sua principal ferramenta de trabalho passa a ser o seu cérebro.

Afiando competências

Anualmente, numa pequena aldeia, acontecia o grande campeonato entre os melhores lenhadores da região. E, entre eles, havia um grande campeão, que ganhava todas as competições havia anos.

Um dia um jovem robusto resolveu desafiar o grande campeão. Começada a competição, o jovem desafiante, baseado no seu vigor físico, pôs-se a bater freneticamente nos troncos com o seu machado. Esgotado o tempo marcado para a competição, iniciou-se a apuração para verificar quem havia cortado mais troncos. Incrédulo, o jovem desafiante foi informado de que o grande campeão vencera mais uma vez. Inconformado, o jovem protestou dizendo:

– Impossível ele ter cortado mais troncos do que eu. Às vezes que levantei a cabeça, via o grande campeão sentado num tronco, descansando. E eu não descansei jamais. Bati o tempo todo com o meu machado.

Disse-lhe o grande campeão:

– Meu jovem, as vezes que você me viu sentado, na realidade eu não estava descansando. Eu estava afiando o meu machado, para tornar-me mais eficaz.

(De autor desconhecido)

O mundo do trabalho é uma competição, onde quem não "afia o seu machado" perde o emprego. O que você está fazendo para tornar-se mais eficaz?

Os "troncos" de hoje estão mais duros, muito mais duros! A competição está mais acirrada, com muito mais competidores e com "machados" cada vez mais "afiados".

Usando a metáfora dos cortadores de troncos, a força física está perdendo de goleada para a força mental dos trabalhadores na atualidade. **Todo atleta tem que treinar para se destacar. Então, por que ainda existe gente que pensa que não precisa treinar o seu cérebro, exercitando os seus neurônios, para se destacar? A leitura é o melhor exercício para o cérebro.** Mas, não adianta só ler e aceitar passivamente: é preciso desenvolver o raciocínio crítico, a imaginação, e estabelecer um "paralelo" investigativo sobre as suas "verdades", verificando se não está na hora de substituí-las. Isso é crescer, evoluir, atualizar "verdades" e paradigmas.

Invista continuamente em você. Refine as suas competências. Faça as suas paradas estratégicas para "afiar" o seu cérebro e seja o seu grande campeão.

Assobiar e chupar cana não são o mesmo que trabalhar e pensar

Assobiar e chupar cana ao mesmo tempo é impossível. No entanto, existem outras situações em que fazer duas coisas simultaneamente são perfeitamente possíveis: praticar esportes e pensar, por exemplo. As pessoas que conseguem fazê-lo simultaneamente são as estrelas da equipe. São os responsáveis por jogadas geniais, que colocam o companheiro em condições de marcar o gol; assim é também no vôlei: a levantada no tempo e no lugar certo para o companheiro marcar o ponto. No entanto, existem muitos jogadores que, mesmo tendo habilidades técnicas, têm dificuldades enormes em jogar e pensar simultaneamente. São autômatos, repetitivos. O mesmo acontece nas empresas: muitos funcionários não conseguem trabalhar e pensar simultaneamente, não conseguem manter a concentração no que estão fazendo para descobrir formas de fazê-lo com mais eficácia. Falta-lhes o foco no resultado.

Esse é o grande problema nas empresas: encontrar funcionários que consigam trabalhar e pensar ao mesmo tempo; que consigam agregar valor ao que estão fazendo, para que as suas ações gerem melhores resultados para a empresa. Com certeza, um grande diferencial competitivo.

Na primeira reunião de treinamento de funcionários em que solicitei a todos que pensassem e que usassem a sua inteligência durante o horário de trabalho para melhorar os resultados da empresa, muitos, de forma jocosa, disseram que, ao invés de trabalhar, teriam que pensar, como se fosse impossível fazê-lo simultaneamente.

Como nos disse o escritor e palestrante Eduardo Botelho: "O cérebro é algo tão importante, que cada pessoa deveria ter um". É claro que todo ser humano tem cérebro. Mas, ter e não usar é o mesmo que não ter. Era exatamente isso que as empresas queriam em tempos passados, quando o paradigma vigente era: "Funcionário não pensa, trabalha". Devia cumprir ordens. Por isso as empresas contratavam "mão-de-obra". Nessas condições, os funcionários só deveriam ser bons cumpridores de rotinas, ordens e horários. Essa é uma cultura que está impregnada de maneira tão forte, por várias gerações, entre empregados e empregadores, que a maioria ainda se recusa a quebrar esse paradigma em pleno século XXI, na era do conhecimento, do ser humano por inteiro.

Acredite: trabalhar e pensar não são o mesmo que assobiar e chupar cana. Pensar durante o expediente de trabalho é deixar de ser eficiente para ser eficaz. Pensar é procurar novas formas de melhorar os resultados da empresa com o seu trabalho. Pensar é ser criativo e não repetitivo.

Mas, você deve estar se perguntando: "O que precisa ser feito?" Tudo aquilo que agrega valor para a empresa, que melhore os seus resultados. Acho desnecessário ficar sugerindo o que você pode fazer por sua empresa. Com certeza, a sua criatividade vai além da minha imaginação. Use-a. **Você vai DESCOBRIR que o seu trabalho ficará mais interessante e desafiador.**

Damas X Xadrez

Se você conhece os jogos de damas e xadrez, sabe que o tabuleiro de ambos é o mesmo. Só mudam as peças e as regras do jogo.

A maioria das pessoas sabe jogar damas. É muito fácil; qualquer um aprende rapidamente. Assim também são as regras para quem trabalha no varejo. É fácil; qualquer um aprende. Mas isso está mudando. A competição entre empresas aumentou muito e fez com que se tornassem mais exigentes e seletivas na hora da contratação. Hoje, precisam de torres, bispos, cavalos, rei e rainha do jogo de xadrez.

O tabuleiro continua o mesmo. Mas em lugar do jogo fácil de damas, as empresas precisam que todos saibam jogar xadrez. O jogo ficou mais difícil, mais exigente. As regras mudaram. Agora é preciso saber pensar, ter uma visão holística do jogo, da empresa. Um bom jogador de xadrez costuma imaginar jogadas à frente, antes de mover as suas peças. É uma questão de prever os resultados da sua ação presente. Também o faz para estudar as prováveis reações dos seus competidores ou clientes.

Muitos ainda não perceberam a mudança ou, até porque é mais fácil, querem continuar jogando damas, com o qual já estão acostumados.

Como enfrentar torres, cavalos, bispos, rei e rainha da concorrência com os peões de damas da nossa empresa. As peças do xadrez se movem de forma diferente no tabuleiro e são mais ágeis que as peças de damas. Concluindo: sem chances!

Você precisa se conscientizar de que em campeonato de xadrez não adianta saber jogar damas. É preciso agilizar e atualizar o seu aprendizado para continuar no "jogo" das empresas.

Aprenda as novas regras e mude a sua forma de participar na empresa. Esteja sempre entre as melhores “peças” de que ela dispõe para enfrentar a concorrência.

Como bom jogador de xadrez, você precisa saber pensar, analisar cada “jogada”, prevendo o seu resultado. É isso que as empresas querem de seus funcionários: que tenham foco no resultado de suas ações.

Aqueles que insistirem no joguinho fácil de damas cederão o seu lugar para quem já está jogando xadrez.

Damas ou xadrez? Um jogo de vida ou morte para as empresas.

Sua segurança no emprego depende do valor que você agrega

Tenho consciência de que em alguns aspectos meu livro vem se tornando repetitivo. É proposital, pois a minha intenção é fazer com que, pela repetição das informações, você descubra o que precisa saber e fazer para se manter empregável. **"Descobrir" é a palavra chave deste livro.** Ele ajudará a descobrir as suas verdades, mesmo que diante da velocidade das mudanças essas "verdades" precisem ser revistas e mudadas. E você não o fará só porque alguém (chefe, colega, professor) lhe disse, mas porque você descobriu e percebeu que chegou o momento de "quebrar um paradigma" que ficou ultrapassado.

Infelizmente, se depois de tantos avisos e "pistas" você continuar "boiando", não haverá salvação para você no mercado de trabalho. Em breve você estará se debatendo no mar agitado dos desempregados e desesperados.

Tenho repetido várias vezes sobre a necessidade de agregar valor para a empresa. É provável que você já tenha se perguntado o que é "agregar valor"? É tudo o que você faz na empresa para que seus clientes internos (colegas) e clientes externos fiquem satisfeitos com o seu relacionamento, com o seu trabalho, com a sua atenção aos detalhes e que esse conjunto de medidas gerem lucro para a empresa. No mundo moderno, não existe espaço para quem não agrega valor, não justifica a sua atuação com resultados para a empresa em que trabalha.

Fazer cursos, desenvolver novas habilidades e competências e colocá-las em prática já é uma forma de agregar valor para a empresa. Por exemplo: Se você trabalha no controle de estoque, pode fazer um estudo de simulação no computador para ver se há maneiras de reduzir estoque de determinados itens e que tipo de contribuição você poderá gerar para a empresa no final do mês. Descobrir maneiras de fazer economia em cada setor da empresa é uma forma de agregar valor.

Tudo o que você puder fazer para aumentar o lucro da empresa é agregar valor (sem ser desleal com o cliente). É na prestação de serviços aos clientes que encontramos as melhores oportunidades de agregar valor para a empresa e, no entanto, a maioria dos funcionários ainda é relapsa quanto à importância da qualidade desses serviços.

O valor agregado já começa ouvindo o cliente, compreendendo suas necessidades, estabelecendo com ele uma relação produtiva, indo além do que ele pede. Esse valor agregado é percebido pela satisfação do cliente e pela constatação da sua fidelidade. **Agregar valor é conquistar e manter a confiança do cliente, tornando-se cúmplice da sua satisfação.**

As inúmeras maneiras de agregar valor para a sua empresa, você terá que descobrir antes que alguém o faça em seu lugar. Com a sua criatividade e boa vontade em agregar valor para a empresa, só coisas boas haverão de vir para você. Bom trabalho!

Funcionário X Colaborador

O termo "funcionário" está caindo em desuso, sendo substituído por "colaborador".

Na realidade, não é apenas uma questão de terminologia, mas de atitude. O funcionário, sem mudar as suas crenças e atitudes, continua sendo funcionário. A diferença entre funcionário e colaborador está naquilo em que cada um acredita e faz.

A pessoa, através da motivação, aumenta o seu interesse e participação na empresa. Um funcionário motivado, interessado e participativo, torna-se comprometido e responsável pelo que faz. Nessa condição, ele deixa de ser funcionário e passa à condição de colaborador, contribuindo para o seu sucesso profissional e da empresa.

FUNCIONÁRIO	COLABORADOR
1. Tem compromisso com a rotina.	1. Tem compromisso com o resultado da empresa.
2. Seu cérebro está sempre no "piloto automático", pois só repete a rotina.	2. Seu cérebro está sempre ligado, procurando inovar e agregar valor para a empresa.
3. Trabalha "na" empresa.	3. Trabalha "para" a empresa.
4. Sua preocupação é cumprir aquilo que está preestabelecido.	4. Sua preocupação é com os resultados da empresa, por isso é motivado e criativo.
5. Acredita que a sua remuneração vem do empregador.	5. Acredita que a sua remuneração vem do cliente.
6. São maioria nas empresas.	6. São minoria nas empresas.

Se você não faz parte da solução, você é um problema...

Da mesma forma que a "procura de culpados" por erros cometidos, também a sua explicação é coisa do passado. Não interessa a ninguém. Atualmente, só a solução interessa. Diante de um problema na empresa, você só tem duas alternativas: resolver o problema ou buscar a solução com quem a tiver. Essa atitude propicia o seu crescimento, uma vez que você saberá resolver o problema em questão numa próxima vez. O pior que você pode fazer é não se envolver com o problema. **O colaborador busca a solução do problema, enquanto que o funcionário procura explicá-lo ou fugir dele. Adote o modelo mental do colaborador se quiser se valorizar no mercado de trabalho. Seja um solucionador de problemas.**

Na palavra desculpa, temos o prefixo "DES", que significa desconsiderar, isentar, inocentar de culpa. É isso que fazemos quando nos desculpamos ou nos justificamos. É uma forma de nos enganarmos, e o cérebro aceita por estar viciado nesse procedimento.

Todos nós erramos... assumir o erro é aprender com ele. É uma forma de não repeti-lo. As desculpas não servem para o nosso aprendizado. Ao contrário, são inimigas dele. Quando nos desculpamos, deixamos de refletir sobre o que fizemos ou deixamos de fazer. Por que não deu certo? Por que alguém reclamou conosco? Se ao invés de nos justificarmos, reforçando assim nossa posição, ouvíssemos as razões e analisássemos o que nos está sendo dito, com certeza estaríamos aprendendo alguma coisa nova, vendo a situação de outro ângulo, sob uma nova ótica. Assim, poderíamos modificar as nossas ações naquilo que está gerando insatisfação a quem servimos. Por uma questão de orgulho, o ser humano tem dificuldades em admitir que existem formas diferentes de fazer as coisas. Reconhecer um erro é ao mesmo tempo um ato de grandeza (poucos conseguem fazê-lo) e de humildade. Quando o ser humano reconhece o seu erro, ele se reconhece como um ser imperfeito e se abre para o aprendizado.

O ser humano, desde criança, acostuma-se com a prática da desculpa e tende a perpetuar essa prática quando adulto. É acomodar situações. No campo profissional, isso é muito comum. As pessoas têm sempre uma desculpa para o insucesso de suas ações. Se chegaram atrasadas, foi o trânsito, a chuva, o relógio... em vez de pensar na solução do problema (sair mais cedo de casa). Ter desculpas é sempre mais fácil do que ter soluções.

É importante sentir-se parte de uma solução. Seja pró-ativo e busque novas alternativas, novas idéias, novas maneiras de fazer as coisas.

As empresas querem pessoas que saibam resolver problemas, que tenham soluções, pois quem é bom em explicações e desculpas dificilmente será bom em qualquer outra coisa...

Bom funcionário... de que época?

Você se considera um bom funcionário? De que época?

Diante dos conceitos de "bom funcionário", analise em que época você se encontra?

Inicialmente, bom funcionário era quem tinha boa assiduidade e pontualidade... Beleza! Dessa época, nem se fala...

Depois, precisava também ter boa produtividade... Tá nessa, "brother"? Não falta, não chega atrasado e faz o que lhe pedem... Precisa mais?

Mas, esse conceito também se tornou ultrapassado quando se passou da era do produto para a era do cliente, a era dos serviços. O bom funcionário, nessa época, era aquele que, além de ter boa assiduidade, pontualidade e produtividade, tinha também uma boa capacidade de relacionamento interpessoal. Tudo isso porque nas empresas o cliente se tornou o rei, o dono e só não virou Deus, porque Deus perdoa. Saber se relacionar, conquistar, encantar o cliente se tornou imperativo para todos na empresa. E aí, "mano"... Tá nessa? Fala sério... Tô falando em fazer, não só saber, "cara"... Ah! Se for assim, você acha que "empacou" no bom funcionário da época anterior... Sei, sei... A maioria dos "brother" também tá lá, porque eles são como você...

Na fase seguinte, o conceito de bom funcionário passou a incorporar conhecimentos em informática, fruto do avanço tecnológico, que está se tornando acessível até para pequenas empresas. O acesso à informática também se tornou acessível para milhões de pessoas, deixando de ser diferencial competitivo para se tornar condição mínima em muitas empresas. Como estão os seus conhecimentos nessa área, ok?

Mas, as exigências para o bom funcionário não pararam por aí. A concorrência que se estabeleceu em todos os setores fez com que as empresas exigissem melhores resultados de seus funcionários. Ser eficiente já não bastava mais: passou-se a cobrar eficácia dos funcionários. Mãos, braços e pernas se tornaram insuficientes para as empresas e, sem aviso prévio, passaram a exigir também o cérebro de seus funcionários. Para muitos, a exigência foi demais... Houve gente que desistiu e muitos se perderam no caminho... Assim não dá, já é demais! O que mais vão querer? O cérebro, que antes podia ficar em casa, descansando, agora tem que ir para o trabalho... E aí... Ainda continua atendendo às exigências do bom funcionário? Agora você tem que fazer coisas que só o seu chefe fazia: pensar, resolver problemas, autogerenciar-se; enfim, **você está livre para fazer mais, muito mais do que cabe na sua descrição de cargo**.

Na atualidade, além de todos os pré-requisitos de épocas anteriores, agora a empresa quer o seu coração... Ela quer que você se "case" com ela e tenha uma relação de paixão, de comprometimento; eu disse: com-pro-me-ti-men-to. A empresa manterá fidelidade apenas nessas condições, e só até a paixão terminar...

Honestamente, em que época você se encontra?

Quem paga, quem garante, quem faz o meu salário?

Essa é uma reflexão muito importante para aqueles que desejam se manter empregados e empregáveis.

Pegue uma folha de papel e uma caneta e responda as três perguntas:

1. Quem paga o meu salário?
2. Quem garante o meu salário?
3. Quem faz o meu salário?

Não se preocupe com as suas respostas. Você não precisará mostrá-las para ninguém. É que ao escrever a resposta você estará sendo obrigado a pensar. O seu cérebro vai lhe agradecer por estar sendo desafiado a exercitar os seus neurônios.

Agora que você já respondeu, leia atentamente o texto "Modelo mental e Papai Noel", no qual está embutida a resposta da pergunta número 1, que servirá para você tirar conclusões inesquecíveis, pela simplicidade do exemplo.

Nas páginas que se seguem, você encontrará as respostas das perguntas acima com suas devidas explicações. O importante é que você reflita sobre elas. Essa reflexão, com certeza, o induzirá a pensar e agir de forma diferente na empresa. "Mude os seus pensamentos, e você mudará o seu mundo", os seus caminhos para o sucesso profissional. Lembre-se sempre que é impossível ajudar a quem não aceita ser ajudado.

Modelo mental e Papai Noel

O termo "modelo mental" significa o conjunto de crenças, valores e pressupostos que criam uma imagem do mundo e exerce influência sobre nossas percepções e nossos comportamentos. Portanto, é a pessoa que cria as suas próprias "verdades" a partir das suas crenças e passa a agir de acordo com elas.

A criança, influenciada pela "doce fantasia" da existência do Papai Noel, cria seu modelo mental baseada na crença de que Papai Noel traz presentes quando ela é "obediente". Inocentemente, ela faz promessas e pedidos ao Papai Noel, acreditando que é ele quem compra os brinquedos que as crianças lhe pedem. Normalmente, essa crença acompanha a criança até os 5 ou 6 anos, moldando-lhe o comportamento. No momento em que a criança descobre que Papai Noel "não existe", essa crença deixa de existir e faz com que ela mude o seu modelo mental, mudando a sua forma de pensar e agir. A partir desse momento, a criança sabe que não precisa temer nem fazer pedidos ao Papai Noel, pois descobriu que os presentes dados por ele são comprados pelos pais.

Assim como as crianças um dia descobrem que seus presentes de Natal não vêm do Papai Noel, os empresários esperam que um dia os seus funcionários descubram que a sua remuneração não vem deles. Como Papai Noel, o empresário só repassa aos funcionários o que os clientes deixaram no caixa para eles. Existem empresas que, de forma criativa, imprimem nos cheques destinados ao pagamento de seus funcionários: "os clientes deixaram isso para você".

Na criança, o modelo mental estabelecido pela crença no Papai Noel dura, em média, 5 anos. No adulto, o modelo mental estabelecido pela crença de que o empresário paga o seu salário dura mais de 20 anos; em alguns casos, a vida inteira. Como mudar um modelo mental de tantos anos?

Quando o funcionário descobre que não é o empresário que paga o seu salário, mas os clientes, ele muda o seu modelo mental e passa a vê-los como verdadeiros "donos" da empresa e a tratá-los de acordo com essa importância. O ser humano age de acordo com as suas crenças, suas "verdades", naquilo em que acredita.

Se, apesar de tudo o que foi dito neste texto, ainda ficaram dúvidas sobre quem paga o seu salário (as crianças também relutam um pouco até a "ficha" cair), tente imaginar a empresa sem clientes e, por conseqüência, sem vendas. Não se preocupe se o seu modelo mental não mudar instantaneamente. Para alguns, demora dias, meses ou anos. Afinal de contas, quantos anos essa crença tem acompanhado você?

Quem paga o seu salário?

Quem paga o salário de todos na empresa é o cliente. É dele que vem o lucro, o dinheiro para pagar as contas da empresa, inclusive o seu salário.

Com certeza, pelo texto "Modelo mental e Papai Noel", você já concluiu que o empresário, ou a pessoa que assina o seu cheque ao final do mês, só repassa o dinheiro que o cliente deixou no caixa da sua empresa e, por razões de segurança, foi depositado no banco. Óbvio!

Se para você, dono da empresa é quem paga o seu salário, sem nenhuma dúvida, o cliente é o "dono". Ele é a pessoa mais importante da empresa. Sem ele não há empresa, não há emprego e não há salário. Estamos na era do cliente. Você ao menos cumprimenta essa pessoa tão importante sempre que pode?

"Clientes podem demitir todos numa empresa, do alto executivo para baixo, simplesmente gastando o seu dinheiro em outro lugar." (Sam Walton, fundador do Wal-Mart, maior cadeia de varejo do mundo.)

Agora que você não tem mais dúvidas sobre quem paga o seu salário, comece a dar mais importância a essa pessoa que paga o salário de todos na empresa: o cliente.

Deixar clientes internos e externos satisfeitos é obrigação de todos na empresa. Dê sempre bons motivos para que o cliente, além de retornar à sua empresa, seja seu melhor vendedor pelo marketing boca-a-boca.

Quem garante o seu salário?

Você deve estar pensando: "o meu trabalho garante o meu salário; se trabalhei, tenho direito a ele". Com certeza, a maioria das pessoas pensa assim. Mas esse é um pensamento equivocado. O seu trabalho lhe dá direito a uma remuneração, sim. É um direito seu, conquistado. No entanto, quem realmente garante o seu salário é o lucro. Explico: se a empresa não teve lucro, como ela irá pagar suas contas, inclusive o seu salário? O empresário terá de fazê-lo tirando do seu bolso. Será que ele repetirá essa atitude no mês seguinte? "Fala sério"! Mesmo que você tenha trabalhado e muito, se todos na empresa não forem capazes de gerar lucro, ela terá que diminuir custos, o que pode significar demissões, ou, pior ainda, terá de encerrar as suas atividades. Portanto, o seu trabalho lhe dá direito até o dia de hoje, mas não o garante no amanhã, na próxima semana, no próximo mês... Tudo vai depender da sua capacidade e de seus colegas em gerar lucro suficiente para que a empresa possa pagar o seu salário e de seus colegas nos próximos meses.

De um modo geral, o brasileiro ainda não desenvolveu a consciência da importância do lucro. Querem que as empresas continuem paternalistas, como no passado, quando tudo era mais fácil. Hoje as empresas não exitam em promover *downsizing* sempre que necessário, e aí *bye, bye,* salário... E você, que achava que o seu trabalho garantia o seu salário, continua pensando da mesma forma? Mude seu pensamento e passe a agregar valor para a empresa em tudo o que fizer, mesmo que de forma indireta.

Resumindo: **o seu trabalho lhe dá direito a uma remuneração, mas o que garante de fato o seu salário é o lucro da empresa.**

Isso merece uma profunda reflexão sobre a sua participação na empresa.

Quem faz o seu salário?

Agora, sim, você pode bater no peito com muito orgulho e dizer que quem faz o seu salário é você. Mas, o que, talvez, você não saiba é que você é avaliado, não pelo esforço que faz, mas pelos resultados que produz para a empresa. Você faz o seu salário com o valor que agrega para ela.

Se você for apenas um cumpridor de horário, ordens e rotinas, com certeza, deve estar agregando pouco valor para a sua empresa e, por isso, o seu salário é pouco.

Para saber o seu real valor para a empresa, faça-se a seguinte pergunta: "A empresa pode facilmente encontrar alguém que faça o que eu faço e com os resultados que eu proporciono a ela?" Se a sua resposta for sim, contente-se com o que você está "ganhando". O que é fácil de encontrar tem pouco valor. Em outras palavras, você está sendo uma "commodity" no mercado de trabalho.

Você precisa se diferenciar e fugir da "vala comum" no mercado de trabalho. Diferenciar-se não é só adquirir mais informação e conhecimento. É uma questão de atitude, de fazer acontecer. É saber aliar o conhecimento técnico com a habilidade de saber usá-lo. Isso é atitude. Não adianta saber e não fazer. É preciso se antecipar e fazer antes que outros o façam. Ter iniciativa e "acabativa" é fundamental para quem quer se destacar no mercado de trabalho. Não se trata de trabalhar mais, mas de produzir melhor. Isso só acontece quando você sabe por que os serviços precisam ser feitos e pela paixão que você dedica ao seu trabalho. Esses fatores farão com que você possa fazê-lo sempre melhor.

Como a maioria dos funcionários é alienada do todo, sair da "vala comum" também significa ter uma visão holística do seu setor e da empresa. Quem consegue ter essa visão global conseguirá com que as suas ações agreguem mais valor para a empresa. Esse é um profissional que tem a sua área de competência e consegue entender o global, consegue agregar significado e valor ao seu trabalho, e o resultado disso é a motivação e o alto desempenho; **é entender as regras do jogo, do princípio ao fim.**

Você já deve estar percebendo que você faz o seu salário pela sua capacidade de agregar valor e gerar lucro para a empresa.

Os vários "donos" da empresa

Houve um tempo, em que o "dono" da empresa era o proprietário, o patrão, o empresário. O pensamento comum era de que todos na empresa trabalhavam para ele. Por muitos anos, o modelo mental vigente foi esse.

Depois, numa mudança de foco, muitos funcionários passaram a ver o relógio-ponto como "dono" da empresa. Nunca um "dono" de empresa recebeu tanta atenção. E que "dono" bom! Não cobra produtividade e não reclama de ninguém. Ele apenas cobra assiduidade e pontualidade. E se, porventura, alguém fizer horas extras, ele não se esquece de anotá-las. Muitas pessoas estão tão acostumadas a trabalhar para ele, que nem conseguem se imaginar trabalhando para outro dono.

E, novamente numa mudança de foco, alguns começaram a acreditar que o "dono" da empresa é o cliente. Segundo este modelo mental, é o cliente quem paga o salário de todos na empresa, pois o empresário só repassa o dinheiro que o cliente deixou no caixa da empresa. A partir do pressuposto de que "dono" da empresa é quem paga a remuneração de empresários e funcionários, ninguém mais indicado para ser o "dono" da empresa do que o cliente.

Como fica o relógio-ponto, o melhor dos "donos", na ausência dos clientes? E o proprietário, o patrão, os empresários, como ficam quando os clientes somem? Quem irá pagar a remuneração de toda essa gente?

Agora, quem é o "dono" da empresa para a qual você trabalha?

Crenças só desaparecem quando deixamos de acreditar nelas

Certo dia, numa de minhas reuniões de treinamento, disse para uma das funcionárias que o seu cafezinho era muito bom e que ela o fizesse novamente para a reunião que eu teria na semana seguinte, na qual estariam presentes alguns fornecedores, clientes e a direção da nossa empresa. Pedi, então, para todos os funcionários presentes que imaginassem a forma de como cada um serviria o cafezinho se fosse convidado a fazê-lo. A maioria o faria na seguinte ordem: serviria os diretores da sua empresa, em seguida os fornecedores e após os clientes presentes. Essa seqüência revela a importância que cada um dos presentes à reunião (diretores, fornecedores e clientes) tem para a pessoa que está servindo o cafezinho. São valores estabelecidos e que fazem parte do modelo mental da maioria dos funcionários brasileiros.

Sugeri que a ordem para servir o cafezinho deveria ser inversa, começando pelos clientes, que são as pessoas mais importantes na empresa e assim devem ser tratados, após deveriam ser servidos os fornecedores, que são os parceiros da empresa, e só então a direção da empresa deveria ser servida, e, caso faltasse cafezinho, a direção deveria abdicar de tomá-lo naquele instante.

Após alguns segundos de silêncio na sala, todos concordaram que a ordem de servir o cafezinho deveria ser aquela sugerida por mim, pois se deram conta de que estamos na era do cliente, e que nenhuma empresa consegue sobreviver sem eles.

Perguntei a todos se tinham entendido o exemplo e se daquele dia em diante os clientes teriam a atenção especial que merecem. Todos "juraram" que sim.

Disse-lhes então que apostava qualquer coisa e com qualquer um dos presentes que esse juramento seria esquecido no dia seguinte, ao que todos responderam: "Impossível!"

Descrevi como isso aconteceria: normalmente, ao iniciarmos a jornada de trabalho na empresa, vocês continuam conversando com os colegas para finalizar os assuntos iniciados, enquanto os clientes passam por vocês sem que alguém lhes dê atenção. No entanto, se no lugar de clientes surgir algum diretor da empresa, o assunto fica inacabado. Vocês cumprimentam esse diretor e iniciam o trabalho. Por que não fazem o mesmo em relação aos clientes? Silêncio na sala... Um silêncio que diz mais do que palavras. Ninguém conseguiu contestar ao que eu havia dito. Por que isso acontece? Porque assim como os modelos mentais se formam com o passar do tempo, eles também precisam de um tempo para o modelo desaparecer e outro surgir em seu lugar. O ser humano age de acordo com as suas crenças. Os funcionários presentes à reunião perceberam que, apesar de suas "juras", todos cometeriam perjúrio no dia seguinte.

Crenças, valores, verdades só deixam de existir quando deixamos de acreditar nelas. Faça uma reflexão sobre suas crenças, valores e "verdades".

Influência das mudanças: climáticas e econômicas

Havia em determinada época uma floresta na qual viviam muitos animais. Nessa floresta existia um lago muito grande, onde todos os animais saciavam sua sede.

Mas, em função do aquecimento global, com secas cada vez mais prolongadas, o lago da floresta foi diminuindo até se tornar um laguinho, com água insuficiente para todos os animais da floresta. Muitos animais foram embora, em busca de novas florestas, em que a água não fosse tão escassa. Aqueles que permaneceram, mantinham com os demais uma luta de vida ou morte para conseguir água suficiente para sua sobrevivência. E diante de tamanha competição, muitos pereceram. Sobreviveram os mais fortes e, principalmente, os mais ágeis.

As metáforas da historinha acima ilustram muito bem a realidade em que vivem as empresas na atualidade. Por muitos motivos, o dinheiro em circulação diminuiu, ficou mais escasso no bolso dos consumidores, fazendo com que a concorrência entre as empresas aumentasse muito na disputa de clientes cada vez mais exigentes e cautelosos. Diante desse novo cenário, várias empresas fecharam ou foram vendidas. As que ficaram tiveram que enfrentar uma concorrência predatória, onde também só sobreviveram os mais fortes e, principalmente, os mais ágeis.

Você que está percebendo e entendendo essa nova realidade (?) sabe que o momento é de todos pegarem juntos, para que os concorrentes não fiquem com os clientes que garantem a sobrevivência da empresa para a qual você trabalha. Nesse momento as empresas precisam de colaboradores conscientes e comprometidos, no sentido de tornar as suas ações mais eficazes e, assim, garantir a sobrevivência e a manutenção de seus empregos.

O desafio da maioria de nossas empresas nos tempos atuais é sobreviver. Os perigos são tantos, que fazem com que apenas sobreviver já seja uma formidável conquista. Da mesma maneira, manter o emprego já é um grande desafio e uma bela conquista. São tempos difíceis para todos.

Suar a camiseta na empresa é pouco, é coisa do passado; agora precisa muito mais: precisa suar a cueca, o "soutien" e, principalmente, os neurônios

Está na hora de os funcionários darem a sua decisiva contribuição para a empresa, suando não só a camiseta, mas a cueca, o "soutien" e os neurônios; o que se quer dizer é que todos precisam fazer mais... mais do que já estão fazendo. Não existe outra maneira de melhorar a rentabilidade de uma empresa na livre concorrência, numa economia estabilizada. Somente com o comprometimento e a criatividade de todos será possível aumentar o volume de vendas e, por conseqüência, a rentabilidade da empresa, que permita a sua sobrevivência e o seu crescimento.

As empresas que não souberem se diferenciar cairão na vala comum da "commoditização", onde o diferencial será o preço. E, na guerra de preços, perdem todos, empresários e funcionários, pois implica a redução de margens e a redução de custos, o que pode significar redução de remuneração ou demissões...

As empresas devem se diferenciar pelos seus serviços e pelo seu marketing. E, por falar em serviços, o que você e seus colegas estão fazendo para agregar valor à empresa? É necessário que seja um trabalho em equipe. Trabalho isolado não surte efeito. Os serviços nunca foram tão importantes como agora, quando os clientes têm diante de si inúmeras opções de compra para aquilo que desejam. Entre tantas opções, por que eles deveriam optar pela sua empresa?

Se você acredita que os clientes só querem preço, você corre um sério risco de ser substituído por um cartaz de preços, sem prejuízo para a empresa. Justifique a sua presença na empresa com ações e atitudes que agreguem valor para o cliente e para a empresa.

"Ganhar" salário trabalhando "na" empresa!

No Brasil, as pessoas usam o verbo "ganhar" para se referir à sua remuneração. Quando alguém tem uma boa remuneração, fala-se que essa pessoa "ganha" bem.

Em inglês, o mesmo conceito é expresso através do verbo "fazer", ou seja, "to make money" (fazer dinheiro). Há, portanto, uma brutal diferença de atitude entre quem "ganha" um salário no Brasil e quem "faz" o seu salário nos Estados Unidos ou na Inglaterra. O pressuposto no Brasil é que a empresa "dá" o salário ao seu empregado, que, por sua vez, sente-se descompromissado em agregar valor para a empresa, enquanto que em países que adotam o "to make money", o pressuposto é de que a empresa recompensa seu empregado pelos resultados que ele gera.

Essa diferença entre "ganhar" e "fazer" o salário reflete uma enorme diferença cultural de como as pessoas pensam e agem em relação ao seu trabalho e à sua remuneração.

Quando se trata de "to make money" há um compromisso implícito de remunerar capital e trabalho. Cria-se comprometimento em relação à satisfação de resultados para empregado e empregador. O funcionário "vende" a sua capacidade de agregar valor para a empresa.

Da mesma forma, o trabalhador brasileiro costuma dizer que trabalha "na" empresa e não "para" a empresa. Percebe-se que há uma enorme diferença de atitude de quem trabalha "na" empresa e de quem trabalha "para" a empresa: mais uma vez, é uma questão de comprometimento.

Em plena era do conhecimento, de mudanças cada vez mais velozes e de competição duríssima para todos, ainda existe gente querendo "ganhar" salário trabalhando "na" empresa. O que você acha disso?

O lucro tem que ser comemorado

Para algumas pessoas, a palavra *lucro* tem um significado negativo, como se fosse algo proibido, da qual deveriam se envergonhar. É preciso mudar essa mentalidade, urgentemente.

O lucro é a compensação justa pelo tempo, esforço e dinheiro que os empresários investem na empresa. Assim como os funcionários esperam ser recompensados pelo seu tempo, esforço e dedicação à empresa, nada mais justo que também os empresários tenham a sua recompensa por tudo que investiram nela. Óbvio.

O lucro é o sangue que dá vida à empresa. É preciso que todos na empresa tenham consciência da importância do lucro para a manutenção de seus empregos e da sobrevivência da empresa.

Infelizmente, ainda são poucos os funcionários que estão conscientes da necessidade do lucro para as empresas. Não se dão conta de que a "vaquinha" da qual bebem leite precisa estar bem cuidada e alimentada. Só assim todos poderão beber leite de qualidade e por muito tempo. Ou seja, as empresas só podem manter seus funcionários e pagá-los adequadamente se eles cuidarem bem dela, gerando lucros permanentemente.

Todos devem comemorar o lucro da empresa. Afinal, basta refletir: todos perdem se a empresa tiver prejuízo.

O lucro é como o gol da vitória. Tem que ser comemorado. Ninguém deve entrar em campo só para jogar, ficando alheio ao resultado do jogo. Por isso, vibre com o lucro da sua empresa. Ele é o resultado do esforço de todos.

Você sabe o que a sua empresa vende?

Antes de ler o texto, pegue uma folha de papel e uma caneta e responda as perguntas abaixo. É importante que você o faça por escrito para comparar as suas respostas e servir de reflexão.

1. O que vende a sua empresa?
2. O que vende uma padaria de sucesso?
3. O que vende uma loja de confecções de sucesso?
4. O que vende um restaurante de sucesso?
5. O que vende um supermercado de sucesso?

Só continue a leitura após ter respondido cada uma das cinco perguntas.

É claro que, além dos produtos descritos por você em suas respostas, empresas de sucesso vendem muito mais do que a parte tangível. Sem ter a pretensão de esgotar o assunto, vamos acrescentar alguns elementos intangíveis cuja responsabilidade é de cada uma das pessoas que trabalha na empresa, das comprometidas e daquelas que já desenvolveram a arte de ver o "invisível".

Uma padaria de sucesso, antes de tudo, vende aquele cheirinho de pão quentinho, um ambiente higienizado e funcionários asseados. De nada adianta ter produtos de qualidade se os funcionários e o ambiente não estiverem limpos.

Uma loja de confecções de sucesso, antes de qualquer coisa, vende elegância, vaidade e *status*. Se a vaidade do cliente não for satisfeita, ele não retornará àquela loja. Não se deve vender qualquer roupa para qualquer cliente.

Um restaurante de sucesso, além de higiene, atendimento rápido, conforto e *status,* vende paladar. A comida boa não segura o cliente que demora para ser atendido, que percebe que não há higiene no ambiente e nas pessoas e que precisa suportar o calor do ambiente e uma cadeira desconfortável.

Um supermercado de sucesso vende facilidades, conveniências, variedade, higiene ambiental e pessoal, momentos agradáveis...

Além do que já foi mencionado, todas as empresas de sucesso vendem também calor humano, atenção aos detalhes, simpatia, empatia, cordialidade, educação, sorrisos, agilidade e outros valores que funcionários e empresários podem agregar para conquistar, encantar e fidelizar o cliente.

Você percebeu a quantidade de valores que as pessoas podem agregar às empresas para valorizá-las. No entanto, a maioria dos funcionários só quer vender preço, desconto e prazo, o que, com certeza, só reduz o lucro das empresas.

E, voltando à sua empresa, já descobriu quais os valores que você pode agregar aos produtos que ela vende? Está na hora de fazê-lo antes que alguém o faça em seu lugar...

Na era dos serviços, você está preparado para servir?

O aumento da concorrência levou ao consumidor a possibilidade de escolher onde comprar. Nesse novo contexto, as pessoas passaram a ser o novo diferencial na hora do cliente decidir onde comprar. Os itens, se não são os mesmos, são muito semelhantes em vários pontos de vendas e, devido a essa concorrência, também os seus preços se tornaram semelhantes.

O mundo empresarial de hoje é o mundo dos serviços. Todos devem conscientizar-se de que estamos vivendo a era dos serviços, em que estes são o grande diferencial competitivo, tanto na indústria como no comércio. E serviços são prestados por quem? Por gente, por empresários e funcionários, muitos dos quais ainda não perceberam o poder do calor humano, do relacionamento...

As empresas terão que promover uma mudança cultural, histórica, de proporções nunca vistas até o momento: aprender que servir não é degradante, que não deve ser associado a servilismo e subserviência. Herdamos da cultura portuguesa que servir era algo a ser evitado, como sendo uma penalidade imposta aos serviçais e escravos. Essa mentalidade tem muito a ver com os quase 400 anos de escravidão no Brasil.

Como mudar essa cultura de tantas gerações? Como mudar esse pensamento dominante quanto ao servir? Hoje, o servir precisa ser visto como um ato de prazer, de educação, de fino trato, de amor ao ser humano e ao trabalho. Como amar o trabalho se para muitas pessoas ele ainda é visto como "castigo"? São pessoas azedas, que não têm compromisso com servir o outro. Vêem-se como seres superiores e por isso acreditam ser humilhante servir mesmo sendo pagas para isso.

Alguns funcionários entendem de fato a importância de bem tratar o cliente e os reflexos que isso produz na empresa e no próprio emprego. No entanto, aqueles que não entendem a importância do servir na empresa, que jogam contra os interesses do cliente, da empresa e de todos os demais colegas, só têm um caminho: rua.

A parcela de impacto dos serviços é enorme, e isso muda o mercado de trabalho e o perfil dos candidatos desejados: suas qualidades individuais e comportamentais serão tudo para a demanda de serviços com qualidade.

As empresas, para conquistar, manter e fidelizar seus clientes, num mercado de competição cada vez mais acirrada, terão que oferecer serviços de primeiríssima qualidade: rápido, cortês, competente, inesperado, criativo, alegre, individualizado, personalizado... Para tanto terão que contar com funcionários motivados, entusiasmados, comprometidos com a empresa e com a satisfação de seus clientes.

Saber e gostar de servir é a grande "sacada" do momento nas empresas. Só exige boa vontade, um sorriso sincero no rosto e uma "pitada" de inteligência emocional.

Tratar seu cliente como você gostaria de ser tratado é coisa do passado

Em tempos passados, ensinávamos aos nossos colegas de trabalho que era necessário atender os nossos clientes como nós gostaríamos de ser atendidos. Essa prática, diante das mudanças pelas quais já passamos, da "Era do Produto", para a "Era do Cliente", tornou-se ultrapassada. Hoje, temos que atender os nossos clientes, não como nós gostaríamos de ser atendidos, mas como eles querem ser atendidos. Para isso precisamos conhecer cada cliente, dando-lhe atendimento personalizado. Não é mais possível padronizar atendimento igual para todos. Cada cliente é único, com sua personalidade e desejos.

Para que você possa entender melhor por que não podemos atender nossos clientes como nós gostaríamos de ser atendidos, vamos explicar: Imagine-se num jantar oferecido por alguém que lhe quer bem e, querendo lhe agradar, serve o cardápio preferido dele. Simplesmente essa pessoa está fazendo para você o que gostaria que fizessem para ela. Mas, para a infelicidade de ambos, você detesta o cardápio oferecido. Você achará o jantar horrível. A melhor das boas intenções virou "tragédia", porque você não é igual ao seu anfitrião. Somos todos diferentes em alguns aspectos. Não podemos exigir que os clientes sejam como nós. Temos que deixar que eles nos digam do que gostam e de como gostariam de ser tratados. Só assim poderemos acertar no atendimento e na satisfação dos seus desejos.

Agora que você entendeu que atender os clientes como você gostaria de ser atendido não lhe garante a sua satisfação, procure observar cada cliente e identificar as características da sua

personalidade e seus desejos, para que você possa atendê-lo como ele deseja, alcançando com isso a excelência em atendimento.

Sempre que você conseguir antecipar os desejos do cliente, você estará encantando o cliente, porque estará fazendo mais do que ele esperava de você. Isso é agregar valor para a empresa. Só exige atenção, percepção e ativação. É um grande diferencial competitivo para você e para a empresa.

A arte de ver o "invisível"

A arte de ver o "invisível" é uma questão de atenção, percepção e ativação. É a capacidade de ver oportunidades onde outros não vêem nada. É a visão que está no cérebro das pessoas, **muito valorizada no mercado de trabalho.**

Como desenvolvê-la: primeiro, é preciso atenção, estar "antenado" em tudo; segundo, a percepção, que é a capacidade de perceber através dos sentidos (visão, audição, olfato, paladar, tato e intuição), uma realidade que pode ser modificada; terceiro, a ativação, que é entrar em ação, ter atitude.

Essa capacidade começa com pequenas coisas, como uma torneira pingando, uma luz ligada, um colega em apuros, um cliente sem atendimento, a oportunidade de encantar um cliente, um produto sem etiqueta de preço, um cumprimento, um contato pessoal, uma melhoria no setor, na empresa... E uma infinidade de oportunidades que passam despercebidas por aqueles que não desenvolveram a capacidade de ver o "invisível".

Enxergar o que os outros não vêem pode ser a sua chance de crescer na empresa. Observe, estude, atualiza-se e pense diferente para melhorar o que você faz. Assim, você pode usar a sua visão e criatividade para reduzir custos no seu setor. Questione-se sobre a possibilidade de fazer a mesma coisa mais economicamente. Dê sugestões de como melhorar produtos ou serviços, ou de como eliminar algum serviço que já não se justifica mais. Dê idéias para simplificar processos burocráticos. Simplicidade e praticidade devem ser sugeridas para toda a empresa. Analise e dê sugestões que possam beneficiar a empresa de alguma forma.

Essa capacidade é uma questão de hábito e pode ser desenvolvida... Claro que para isso a pessoa deve amar o seu trabalho e estar comprometida com a empresa. Se não for assim, não verá nem o que é visível para todos.

Já deu para perceber que esse "invisível" nem é tão invisível assim. No entanto, na condição de qualidade rara, é um grande diferencial competitivo para quem o tem.

Mais do que colírio e óculos de grau, é preciso atenção, percepção e ativação. *Brother,* se liga nessa!

Mudança dos tempos: agora, somos todos vendedores

Hoje, nas empresas, todos precisam ser vendedores. Todos podem executar tarefas distintas, ter responsabilidades diferentes, mas, em essência, todos precisam vender a mesma excelência em serviços, para satisfazer o consumidor e gerar lucro para a empresa.

Temos estabilidade econômica, mas, em compensação, temos os juros mais altos do mundo, uma voracidade fiscal sem precedentes e concorrência predatória e, muitas vezes, desleal. Diante de tantas mudanças e dificuldades, é preciso repensar as empresas. A importação de produtos baratos de países emergentes como China e Índia e a disputa por consumidores com pouco dinheiro no bolso aumentou a concorrência e diminuiu ainda mais as margens de lucro das empresas. Para compensar todas as dificuldades já mencionadas, as empresas precisam aumentar o número de clientes para aumentar as suas vendas. Por isso, a valorização de pessoas comprometidas com a empresa. Os acomodados, que ainda não perceberam essas mudanças, estão perdendo o seu espaço no mercado de trabalho. As empresas precisam de colaboradores preparados e obstinados a vencer os novos desafios da nova era: "a era do consumidor". Todos na empresa precisam "reverenciá-lo" diante da sua importância.

Ainda existem supermercados acostumados com a idéia de que em lojas de auto-serviço "não se vende"; é o cliente quem compra. Esse tempo passou. Hoje, até em supermercados, todos precisam ser vendedores, "vendendo" tudo o que agrega valor para o cliente e para a empresa (calor humano, cortesia, simpatia, serviços, atenção aos detalhes, higiene, conveniências, variedade...).

Se você acreditar que a sua função na empresa não tem nada a ver com vendas, é bom repensar os seus conceitos. Por acaso, você já pensou em "vender" a imagem da sua empresa através dos serviços que você presta a ela? Seus familiares e amigos compram na sua empresa? Criatividade, *brother!* Seu cérebro está precisando de desafios; você precisa fazer parte da equipe de vendedores da sua empresa. Acho que neste momento não preciso mais lembrá-lo do que está acontecendo aos "mãos-de-obra"...

Comprometimento

Com as atitudes correspondentes a esta palavra, você garante o seu emprego.

Segundo o dicionário, comprometimento significa obrigação por compromisso, responsabilidade. É quando a pessoa se responsabiliza e se compromete por suas ações na empresa.

Momentos difíceis, como os atuais, pedem profissionais comprometidos e apaixonados por suas empresas, para assim gerarem os resultados necessários à sua sobrevivência e crescimento. São colaboradores assim que fazem a diferença.

Comprometimento é levar aquilo que se propôs até o final (é ter iniciativa e "acabativa"); é fazer com que as coisas aconteçam com a sua presença, é fazer acontecer, não só mostrando o caminho, mas caminhando junto; é fazer a parte que alguém da equipe deixou de fazer, sem jamais reclamar que já fez a sua parte; é fazer o que precisa ser feito, sem jamais se importar com o horário, para que os resultados propostos sejam alcançados. As empresas estão precisando desesperadamente de pessoas com esse perfil.

Entre um funcionário competente e um comprometido, a empresa prefere ficar com o segundo, pois é mais fácil encontrar gente competente do que comprometida. O que é raro e difícil de encontrar tem muito valor, lembre-se disso.

Seja comprometido com a sua empresa, e conquiste a sua empregabilidade e a sua valorização profissional. Seja essa "figurinha" difícil de encontrar e aguarde pelos resultados.

Sem comprometimento, não há fidelidade

A fidelidade entre empresas e funcionários está diminuindo. Fidelidade até que a aposentadoria do funcionário, ou a morte da empresa os separe, está desaparecendo.

Se aparecer um "relacionamento" mais interessante para qualquer uma das partes, desfaz-se o "casamento". Se o funcionário conseguir um emprego melhor, ele troca de empresa e esta, se conseguir um funcionário mais eficaz, não exitará em substituí-lo. Como a maioria dos funcionários continua alheia às mudanças, as empresas sofrem as conseqüências dessa alienação. E, por esse motivo, muitos funcionários estão sendo substituídos nas empresas.

Realizações passadas são passadas. Nem empresa, nem funcionário podem viver de lembranças. Vale o momento presente. A fidelidade é motivada por interesses mútuos. Quando uma das partes perde o interesse, a separação é inevitável.

O relacionamento é baseado no comprometimento recíproco, "eterno" enquanto durar. Sem comprometimento não há fidelidade que dure para sempre.

As empresas que vencerão nos próximos anos serão aquelas que souberem se livrar de funcionários descomprometidos e conseguirem reter os seus talentos (colaboradores comprometidos).

Os colaboradores que vencerão nos próximos anos serão aqueles que estiverem comprometidos com o seu desenvolvimento profissional e com a empresa em que estiverem trabalhando.

O comprometimento com a empresa nunca foi levado tão a sério como atualmente; "ficar", nem pensar!

Inteligência emocional, a inteligência do sucesso pessoal e profissional

"Inteligência emocional é simplesmente o uso inteligente das emoções. Isto é, fazer intencionalmente com que suas emoções trabalhem a seu favor, usando-as como uma ajuda para ditar seu comportamento e seu raciocínio de maneira a aperfeiçoar seus resultados." (Hendrie Weisinger, em *Inteligência Emocional no Trabalho*.)

A inteligência emocional estabelece a forma como nos relacionamos conosco (intrapessoal) e com as pessoas (interpessoal), para conseguir com que o universo conspire a nosso favor. É preciso saber controlar as nossas emoções para que tenhamos sempre bons relacionamentos. Portas se abrem ou se fecham, na medida em que soubermos, ou não, usar a nossa inteligência emocional.

"Qualquer um pode zangar-se. Isso é fácil. Mas, zangar-se com a pessoa certa, na medida certa, na hora certa, pelo motivo certo e da maneira certa, não é fácil." (Aristóteles)

Segundo o psicólogo norte-americano Daniel Goleman, o que separa as pessoas que se dão bem na vida daquelas que, apesar de serem espertas e inteligentes, é a inteligência emocional. Em tempos de grandes mudanças, como atualmente, é a inteligência emocional que determina quem vai conseguir as promoções e quem vai ficar "a ver navios". As regras do trabalho estão mudando e nós estamos sendo julgados não apenas pela nossa inteligência intelectual e habilidades técnicas que temos, mas principalmente pela capacidade de conviver com os outros. Isso é válido para todos os níveis da organização. Inteligência emocional, a sua "arma secreta" para o sucesso.

As três competências básicas que as empresas procuram em seus funcionários são: habilidades de comunicação, de relacionamento interpessoal e iniciativa. Todas elas são elementos da inteligência emocional.

A inteligência emocional pode e deve ser desenvolvida. Nos Estados Unidos, já estão sendo organizados cursos de "alfabetização emocional", tornando o estudo das emoções e o comportamento social matérias tão importantes quanto a linguagem, a matemática ou outras ciências físicas. O aprendizado emocional repetitivo e constante torna-se automático, e o cérebro vai organizando hábitos neurofisiológicos que se aplicam em momentos de perigo, dor, medo, raiva, ódio, frustração e outros.

Desenvolva a sua empatia e a sua simpatia, que fazem parte da inteligência emocional e são ferramentas poderosas para você se manter e crescer no seu emprego.

A valorização de fatores comportamentais no mercado de trabalho

Qualidades comportamentais nunca foram tão valorizadas no mercado de trabalho como atualmente. O conjunto de qualidades comportamentais é chamado de fator H (humano), o qual determinará as chances da pessoa de permanecer, receber investimentos ou ser descartada nas empresas.

Saber se relacionar bem é imprescindível para ter uma boa avaliação nas empresas. Perceba nas quatro situações descritas abaixo o que acontece com quem tem ou não Alto Fator Humano:

1. Quando o funcionário tem alto fator H e baixa qualificação, a empresa investe nele. A parte técnica, que conta só 30% na valorização do funcionário, dá para ensinar. Mas, gostar de gente, ter habilidade de se relacionar com pessoas, faz parte da sua personalidade. Simpatia, por exemplo, não se pode ensinar.
2. Quando o funcionário tem baixo fator H, mas tem alta qualificação técnica, a empresa tolera. Ou seja, se o funcionário tem dificuldades de relacionamento (baixa inteligência emocional), mas seus conhecimentos técnicos são excelentes (sabe fazer as coisas), a empresa permite que ele permaneça, mas não investe nele. Se não criar problemas de relacionamentos, pode ficar.
3. **Quando o funcionário tem alto fator H e alta qualificação técnica, a empresa investe nele e paga melhor para não perdê-lo. É o tipo de funcionário que toda empresa gostaria de ter e, por isso, esforça-se para mantê-lo.**

4. Quando o funcionário tem baixo fator H e baixa qualificação técnica, a empresa o descarta. Não existem motivos para que a empresa queira manter alguém com essas características. Não sabe se relacionar e não sabe fazer as coisas, sem chances!

Agora, faça uma auto-análise e perceba as suas chances no mercado de trabalho.

Se você tem Alto Fator Humano, não se esqueça de que a parte técnica pode ser melhorada.

Se você não tem Alto Fator Humano, saiba que isso pode ser melhorado e que você precisa compensar essa deficiência melhorando a sua performance na empresa.

Deixe-se contaminar pelo vírus benéfico de Vicente Falconi Campos

Para transformar uma empresa, é preciso mudar as pessoas que nela trabalham. Os funcionários têm que aprender como assumir responsabilidade pelo que fazem. Quando isso acontece, cada pessoa torna-se tão vital dentro da empresa, que o empresário se preocupa em não perdê-lo.

Uma empresa são bens, equipamentos e materiais, procedimentos e, fundamentalmente, pessoas. Os equipamentos podem ser melhorados ou comprados com dinheiro. Mas, procedimentos e pessoas só podem melhorar com conhecimento, com educação.

As pessoas precisam entender que elas precisam adquirir conhecimento e têm que se educar: uma educação consciente, madura, motivada pelo próprio educando. O conhecimento e a educação vão se propagando dentro da empresa como um vírus benéfico, gerando mais qualidade nos serviços. É preciso realizar um mutirão pela qualidade, que deve atingir todos os setores e funcionários da empresa, para que esta atinja os resultados desejados.

Inicia-se com um pequeno grupo de estudos, conscientizados e motivados, cuja missão será repassar conhecimento e impregnar os outros setores de novos hábitos e conceitos. É como um vírus benéfico que é inoculado no organismo de uma empresa, para que contamine o resto. É preciso discutir os problemas de cada setor da empresa e procurar solucioná-los pela associação de idéias de todos os funcionários. É preciso saber o que o cliente quer e espera de cada setor da empresa.

Sem mudar as pessoas, não se consegue mudar uma empresa. Nesse momento, é preciso contar com a resiliência, que é uma adesão sob pressão de todos. A resiliência é, em suma, a capacidade de adaptação ao novo ambiente desenhado na companhia após um processo de reestruturação. Num momento de grandes transformações nas empresas, torna-se fundamental desenvolver essa qualidade nos executivos e funcionários. Nem sempre todas as pessoas estão prontas para uma nova realidade na empresa.

A idéia de Vicente Falconi Campos de inocular o vírus da qualidade em serviços por toda empresa normalmente encontra resistência naqueles que, por medo ou insegurança, vacinaram-se contra os efeitos desse vírus benéfico para a empresa. Não aceitam mudar. São como os piruás, as pipocas de milho que não estouram e não se transformam, não evoluem, e ficam no fundo da panela, sem utilidade... Esses, se não saírem por vontade própria, serão "convidados" a se retirar da empresa...

Você não será o mesmo...

Certa vez, ainda nos primeiros anos de treinamentos relacionados com as mudanças no mundo corporativo, chamei um funcionário até a minha sala e perguntei a ele se desejava crescer profissionalmente. Obviamente que a sua resposta foi afirmativa e entusiasmada. Disse-lhe que para isso deveria ler um farto material que eu havia selecionado. Não fora pouca coisa, principalmente para alguém como ele, que não tinha o hábito da leitura. Após vários dias de leitura, ele me procurou dizendo que havia lido todos os textos que eu selecionara, achando-os muito interessantes.

Passados aproximadamente quarenta dias, chamei-o para uma conversa:

– Fulano (vou chamá-lo assim), você não entendeu nada do que leu.

Com cara de espanto, ele respondeu:

– Como o senhor pode afirmar isso se ainda não me perguntou nada a respeito dos textos que li.

Não é necessário. Eu pude observar que você não mudou em nada após a leitura. Isso indica que você não entendeu o que leu. Todos os textos induzem à reflexão e à mudança de atitudes. Você não mudou em nada após a leitura...

– O senhor pode me dizer em que eu deveria mudar... O que eu deveria entender que não entendi?

– Isso você precisa descobrir. Não sou eu quem vai lhe dizer...

– Me dê ao menos uma pista...

– Sem pistas...

– Mas então vou ter que sair como cachorro perdigueiro, cheirando pistas...

– É você quem deve descobrir... O interesse deve ser seu. Ninguém poderá fazê-lo por você. Essa é uma porta que se abre só por dentro. Só você poderá abrir a porta da sua transformação. Converse com sua colega que já passou por esse processo de crescimento profissional. De operadora de caixa ela passou para fiscal de caixa e hoje é gerente da loja. Ela foi obstinada na busca do seu crescimento profissional, lendo e relendo esse material selecionado por mim e conseguiu descobrir o que lhe faltava para que a sua transformação se consumasse. Fale com ela e releia os textos...

Foi o que ele fez. Releu os textos e conversou muito com essa colega que se dispôs a ajudá-lo a encontrar o caminho que leva à mudança, à transformação e à evolução do profissional. Descobrindo aos poucos, a sua transformação foi acontecendo. Aproveitei suas descobertas e o seu entusiasmo e, após muita conversa e treinamento, ele se tornou chefe e comprador do setor.

Se ele tivesse desistido da leitura, do investimento educacional e cultural que fez em si mesmo, até hoje estaria na mesma situação em que se encontrava, ou, ainda pior, poderia estar desempregado... Pense nisso! Você está com o "bilhete premiado" em suas mãos. Releia este livro quantas vezes for necessário e ponha em prática tudo o que você descobrir, lembrando sempre que não basta saber... É preciso fazer.

Com certeza, se você conseguiu descobrir o novo "caminho das pedras", as novas "regras" que levam ao sucesso profissional, excelentes oportunidades haverão de surgir, fazendo com que você se torne seu próprio "tesouro".

Um fraterno abraço. Felicidades!

Bibliografia

Almeida, Sérgio. *Ah! Eu Não Acredito!* Editora Casa da Qualidade, 2001.

___. *Cliente Eu Não Vivo Sem Você.* Editora Casa da Qualidade, 1995.

___. *Cliente Nunca Mais.* Editora Casa da Qualidade, 1993.

Antunes, Celso. *Alfabetização Emocional.* Editora Vozes, 1999.

Boff, Leonardo. *A Águia e a Galinha.* Editora Vozes, 1997.

Botelho, Eduardo. *Make Money.* Editora Gente, 1999.

Bündchen, Valdir Reinoldo & Jacob Petry. *O Enigma da Mudança.* Editora AGE, 2005.

___. *Como Construir a Si Mesmo.* Editora AGE, 1997.

Byham, William C. Zapp! *O Poder da Energização.* Editora Campus, 1992.

Chiavenato, Idalberto. *Os Novos Paradigmas.* Editora Atlas, 1996.

Donadio, Mário. *T&D Total.* Qualitymark Editora Ltda., 1999.

Ferrer, Miguel Angel Conesa. *Crescer Como Pessoa.* Editora Paulinas, 1992.

Flesch, José Carlos. *O Lucro, a Empresa e Você.* Editora Gente, 2000.

Godri, Daniel. *Marketing de Ação.* Editora EKO, 1990.

Holden, Robert. *Aprenda a Evoluir.* Butterfly Editora Ltda., 2005.

Kohhlrausch, Marlin. *Leve sua Empresa ao Primeiro Lugar.* Editora Gente, 1996.

Minarelli, José Augusto. *Empregabilidade.* Editora Gente, 1995.

Nelson, Bob. *Faça o Que tem de Ser Feito.* Editora Sextante, 2003.

Palominos, Roberto. *Nem Acaso, Nem Milagre.* Editora Gente, 1997.

Radünz, Bruno Marcos. *O Poder da Auto-sugestão.* Editora AGE, 2005.

Regina, Gilclér. *Sua Vida não é Questão de Sorte.* Editora Gente, 2003.

___. *Você Pode Mudar a Sua Vida.* Editora CEAG, 2003.

Sabbi, Deroni. *Sinto, Logo Existo.* Editora Alcance, 1999.

Shiniashyki, Roberto. *A Revolução dos Campeões.* Editora Gente, 1995.

___. *Heróis de Verdade.* Editora Gente, 2005.

___. *O Poder da Solução.* Editora Gente, 2003.

___. *O Sucesso é Ser Feliz.* Editora Gente, 1997.

___. *Os Donos do Futuro.* Editora Gente, 2000.

___. *Sem Medo de Vencer.* Editora Gente, 1993.

___. *Você, A Alma do Negócio.* Editora Gente, 2001.

Tevah, Eduardo. *Os Diferenciais Competitivos,* 2003.

Tranjan, Roberto Adami. *Não Durma no Ponto.* Editora Gente, 1999.

Viana, Marco Aurélio F. *Trabalhar, Para Que?* Editora Gente, 1997.

___. *Valeu a Pena.* Editora Gente, 1996.

Weisinger, Hendrie. *Inteligência Emocional no Trabalho.* Editora Objetiva Ltda., 1997.

Whiteley, Richard C. *A Empresa Totalmente Voltada para o Cliente.* Editora Campus, 1992.